KLASSISCHE ARBEIT AM *Kappzaum*

Die *Ausbildung* am Boden und unter dem Sattel

(Foto: Neddens Tierfotografie)

Desmond O'Brien

KLASSISCHE ARBEIT AM
Kappzaum

Die *Ausbildung* am Boden
und unter dem Sattel

*„Theorie ist das Wissen, die Praxis das Können.
Immer aber soll das Wissen dem Handeln vorausgehen."*

Oberst Alois Podhajsky

Autor und Verlag haben den Inhalt dieses Buches mit großer Sorgfalt und nach bestem Wissen und Gewissen zusammengestellt. Für eventuelle Schäden an Mensch und Tier, die als Folge von Handlungen und/oder gefassten Beschlüssen aufgrund der gegebenen Informationen entstehen, kann dennoch keine Haftung übernommen werden.

Sicherheitstipps:
In diesem Buch sind Reiter ohne splittersicheren Kopfschutz abgebildet. Dies ist nicht zur Nachahmung empfohlen. Achten Sie bitte immer auf entsprechende Sicherheitsausrüstung: Reithelm, Reitstiefel/-schuhe, Reithandschuhe und gegebenenfalls eine Sicherheitsweste beim Reiten.

IMPRESSUM

Copyright © 2015 by Cadmos Verlag, Schwarzenbek

Gestaltung und Satz: www.ravenstein2.de
Coverfoto: Neddens Tierfotografie
Fotos im Innenteil: Neddens Tierfotografie, sofern nicht anders angegeben
Grafiken: Desmond O´Brien, sofern nicht anders angegeben
Lektorat: Claudia Weingand

Druck: Himmer AG, Augsburg

Deutsche Nationalbibliothek - CIP-Einheitsaufnahme
Die Deutsche Nationalbibliothek verzeichnet diese Publikation in der Deutschen Nationalbibliografie; detaillierte bibliografische Daten sind im Internet über http://dnb.ddb.de abrufbar.

Alle Rechte vorbehalten.

Abdruck oder Speicherung in elektronischen Medien nur nach vorheriger schriftlicher Genehmigung durch den Verlag.

Printed in Germany

ISBN: 978-3-8404-1056-7

INHALT

9	*Vorwort*
10	Das Rad muss nicht neu erfunden werden
10	Berufsreiter versus Hobbyreiter
13	Vom reitweisenübergreifenden Lernen
15	Grundlegendes zur Arbeit mit dem Pferd
15	Über dieses Buch
18	*Der Kappzaum in der Geschichte*
19	Von Pluvinel bis Newcastle
23	Der Kappzaum im 17. und 18. Jahrhundert
25	Kappzaum mit Dornen
28	*Der Kappzaum in der Gegenwart*
31	Ist die Anwendung eines Kappzaums immer pferdegerecht?
32	*Die Bestandteile des Kappzaums*
32	Kappzaumeisen
34	Backenstück und Umlaufriemen
35	Kinn- und Ganaschenriemen
37	*Modelle*
37	Kappzaumeisen
37	Mode und Farbe
38	Modell der Spanischen Hofreitschule
40	„Englischer" Kappzaum aus Messing
40	Kappzaum in „schwerer Ausführung"
41	Die spanische Serreta
42	Portugiesische Kappzäume
44	Kappzaum der Camargue: das Caveçon
44	Andere Kappzäume
48	Andere gebisslose Zäumungen
50	Der HSH-Schulzaum: Gastkapitel von Fritz Stahlecker
54	*Anatomie und Druckpunkte*
55	Anatomie des Pferdekopfs
56	Die sieben Druckpunkte

INHALT

Möglichkeiten der Verschnallung
- 62 — Exkurs: Wirkungsweise des Reithalfters
- 65 — Kappzaum pur
- 65 — Kappzaum und Trense
- 69 — Kappzaum und Stangenzaum (Kandarenzaum)

Verwendung des Kappzaums am Boden
- 72 — Wirkung
- 73 — Bevor wir mit der Arbeit beginnen
- 76 — Führen am Kappzaum
- 78 — Laufenlassen und Anlongieren
- 81 — Longieren
- 96 — Exkurs: Das Auge des Pferdes
- 97 — Von der Longe zur Doppellonge
- 100 — Von der Doppellonge zum Langen Zügel
- 102 — Übungen vor dem Aufsitzen
- 106 — Klassische Handarbeit

Verwendung des Kappzaums beim Reiten
- 114 — Gedanken zum Reiten
- 122 — Grundlegendes für die Praxis
- 126 — Gebisslos reiten mit Kappzaum
- 128 — Kappzaum und Trensengebiss
- 128 — Kappzaum und Kandarengebiss
- 136 — Vom Kappzaum bis zur blanken Stange

Pflege des Kappzaums
- 138 — Sattelseife versus Öl

Der maßgefertigte Kappzaum: Hinweise für den Sattler
- 141 — Fakten zu den Einzelteilen
- 142 — Maßangaben
- 146 — Individuelle Führzügel

Anhang
- 148 — Danke
- 150 — Endnoten
- 156 — Stichwortregister
- 158 — Literaturverzeichnis

VORWORT

Mein Name ist Desmond O'Brien. Ich wurde 1962 in Dublin, Irland, geboren, bin jedoch in Österreich aufgewachsen. Meine Mutter ist Österreicherin, mein Vater Ire. Mein Bruder Kevin ist eineinhalb Jahre jünger als ich und ebenfalls Reiter. Im Gegensatz zu mir hat er aber zusätzlich einen „anständigen" Beruf erlernt.

1974 begannen Kevin und ich mit dem Reiten. Wir lernten es von der Pike auf: Stall ausmisten, Pferde putzen, satteln, zäumen. Wir hatten Unterricht an der Longe, danach genossen wir eine Grundausbildung im Viereck (Dressur und Springen) und im Gelände. In den Wintermonaten fanden Theorieabende statt: Wir bekamen Einblicke in die Anatomie des Pferdes, lernten die Fußfolge in den Gangarten, die korrekte Einwirkung des Reiters, Hufschlagfiguren oder Abmessungen im Parcours kennen. Zusätzlich wurden wir mit Zaum- und Sattelkunde, Huf- und Beschlagskunde, Fütterungslehre, Veterinärkunde und weiteren Themen rund ums Pferd vertraut gemacht. Aufhalten beim Schmied war für uns genauso selbstverständlich wie das Einlagern von Heu und Stroh und das Reparieren der Koppelzäune.

Beim Reiten selbst hielt sich unsere Begeisterung für Dressur anfangs in Grenzen.

Desmond O'Brien mit Stute Matthilde. (Foto: Neddens Tierfotografie)

Klassische Arbeit
AM KAPPZAUM

Springen war einfach eine größere Herausforderung! Allerdings haben wir sehr schnell herausgefunden, dass gut dressurmäßig gearbeitete und damit durchlässigere Pferde sicherer an den Sprung heranzubringen und im Tempo besser zu regulieren waren. Durch die Dressurarbeit hat Springen noch mehr Spaß gemacht. Als dann allerdings das Geländereiten dazukam, wurden wir vor neue Aufgaben gestellt: Es ging frisch vorwärts, bergauf, bergab und über natürliche Hindernisse. Hier wussten wir die solide Grundausbildung erst wirklich zu schätzen! Was lernen wir aus diesem kleinen Exkurs in meine reiterliche Laufbahn? Das Eine bedingt das Andere.

1978 wurde ich als Eleve an der Spanischen Hofreitschule zu Wien aufgenommen. Dort lernte ich im Prinzip dasselbe nochmal, allerdings deutlich umfassender. Ich war überzeugt davon, dass alle Reiter so zu reiten beginnen und dieselben Grundlagen vermittelt bekämen wie ich. Als ich zu unterrichten begann, wurde mir klar, dass sich diese Vorstellung als Irrtum erwies.

Das Rad muss nicht neu erfunden werden

Die Eleven der „Spanischen" werden dazu angehalten, während ihrer Ausbildung diverse Bücher zu lesen (etwa die von Alois Podhajsky, Wilhelm Müseler, Waldemar Seunig, Gustav Steinbrecht oder François Baucher, um nur einige zu erwähnen). Das kam mir entgegen, weil ich gern lese. Heute enthält unsere private Bibliothek mehr als 600 Bücher zum Thema Pferd, mehrere Meter davon werden von „Reitlehren" eingenommen, vorzugsweise von denen der alten Meister. Sie weckten mit ihren Erzählungen und Ausführungen den Wunsch in mir, mehr übers Reiten zu lernen. Die Reiter vergangener Generationen standen vor denselben Problemen wie wir und entwickelten bereits Lösungen. Reiter der Gegenwart brauchen das Rad also nicht neu zu erfinden. Warum sollten wir nicht aus den Fehlern anderer lernen? Umsetzen muss das geschriebene Wort dennoch jeder für sich. Bei der Lektüre der Reitlehren früherer Zeiten sollte man unbedingt beachten, dass sie für „gestandene Reiter" geschrieben wurden. Ein unabhängiger Sitz und eine gute Körperkontrolle (die Kontrolle der eigenen Muskulatur) wurden also vorausgesetzt!

Auch wichtig: Jeder Buchautor hat seine eigenen Erfahrungen und fasst sie in seine Worte. Somit gibt es viele Bücher mit ähnlichem Inhalt, der jedoch immer anders beschrieben ist. Der interessierte Leser muss also nur „seinen" Autor finden.

Berufsreiter versus Hobbyreiter

Wenn man es genau nimmt, übe ich also keinen Beruf aus, sondern fröne meinem Hobby – der Arbeit am und mit dem Pferd. Und das bis zu 16 Stunden täglich. Genial, oder?

Wer von den vielen Freizeitreitern hat schon die Möglichkeit, sich den ganzen Tag mit Pferden zu beschäftigen?

An der Spanischen Hofreitschule konnte ich zuschauen, wie erfahrene Kollegen arbeiten, und konnte, zunächst unter Aufsicht, eigene Erfahrungen

VORWORT

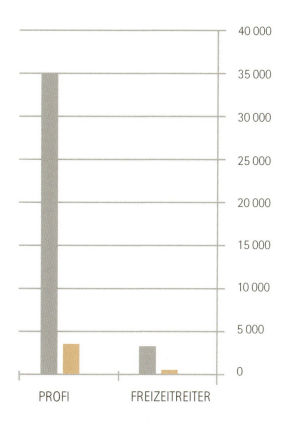

Orange: Reiteinheiten pro Jahr
Grau: Reiteinheiten in zehn Jahren

Der Unterschied in der Reitpraxis (0–35000 Reiteinheiten) zwischen Berufs- und Freizeitreiter ist gewaltig. (Tabelle: Desmond O´Brien)

sammeln. Bei Unklarheiten standen mir stets hochqualifizierte Fachleute mit Rat und Tat zur Seite. Das Glück haben viele Reiter nicht und landen in Internetforen mit fachlich zweifelhafter Beratung …

Sehen wir dem Problem ins Auge: Berufsreiter haben die Möglichkeit, sich intensiver mit der Materie Pferd auseinanderzusetzen als jemand, der täglich acht Stunden seinem Beruf nachgeht, beim Einkaufen hilft, sich um seine Familie kümmert und für das Pferd nur ein bis zwei Stunden täglich aufwenden kann. Letzteres trifft auf den Großteil der arbeitenden Bevölkerung zu.

Reitet ein „Privatreiter" ein Pferd pro Tag (und das an fünf bis sechs Tagen die Woche), so ergeben sich in einem Jahr etwas mehr als 300 Reiteinheiten, in zehn Jahren vielleicht 3.000. Ein Berufsreiter reitet zehn bis 15 Pferde pro Tag, das sind in einem Jahr mindestens 3.000 Reiteinheiten, in zehn Jahren bis zu 35.000. Diese Erfahrung macht einen sehr großen Unterschied aus, vor allem wenn man bedenkt, dass viele Freizeitreiter gemeinsam mit ihrem oft wenig ausgebildeten Pferd zu lernen beginnen. Ich gehe außerdem davon aus, dass die Berufsreiter (zumindest die

Klassische Arbeit
AM KAPPZAUM

Bereiter an den Hofreitschulen) auf Schulpferden (*Endnote 1, siehe Seite 150*) lernen und dadurch gleich von Beginn an mit einem höheren Ausbildungsniveau vertraut gemacht werden. Allerdings muss sich der Pferdebesitzer „nur" mit seinem eigenen Pferd verständigen können, der Profi mit verschiedenen. Reitlehrer sollten also alles in ihrer Macht Stehende tun, um dem Pferdebesitzer bei der Verständigung mit seinem Pferd zu helfen. Das ermöglicht wiederum dem Reitlehrer, das Gelernte umzusetzen, zu probieren, Erfahrung zu sammeln. Nicht zuletzt bietet das Unterrichten interessierter Schüler die Möglichkeit, aus der Ferne auf das Pferd einzuwirken, quasi „ferngesteuert" *(Endnote 2)* zu reiten.

Auch das hilft herauszufinden, was richtig und was falsch ist (wobei das, was heute „falsch" ist, morgen, bei fortgeschrittener Ausbildung, schon wieder „richtig" sein kann).

Vom reitweisenübergreifenden Lernen

Ich wurde durch verschiedene Wendungen des Schicksals zum „Reittrainer Dressur". In meiner Freizeit sah ich dem damaligen Sattlermeister der Spanischen, Friedrich Grabenwöger, bei seiner Arbeit zu, arbeitete mit, erlangte Grundkenntnisse der Sattlerei und wurde später Sattlermeister.

Weil ich mich in der Terminologie von Fahrgeschirren nicht auskannte, nahm ich an einem Fahrkurs beim Wiener Fiaker Leopold Hewera teil und legte die Prüfung zum Fahrabzeichen ab. Auch das führte zu mehr Verständnis fürs Reiten: zum Beispiel zur Erkenntnis, wie wichtig es ist, in der Wendung mit der äußeren Leine beziehungsweise dem äußeren Zügel nachzugeben *(Endnote 3)*. Leopold war eine unerschöpfliche Quelle des Wissens. Egal, welche Frage ich zum Thema Fahren stellte – er wusste immer eine Antwort. Er vermittelte mir auch viele historische Informationen: zum Fahren, zu den Geschirren, zur Stadt Wien, sogar zum Kaiserhof – immer in anschauliche, lehrreiche Anekdoten verpackt.

Als Sattler lernte ich unter anderen die Sattlermeister Karl Niedersüß und Uli Deuber (Gründer von Deuber & Partner) kennen, beide sehr innovative Kollegen mit hohem Fachwissen in allen Bereichen des Sattelbaus.

Sie betrachten Probleme auch mal aus einer anderen Perspektive. Ich lernte von ihnen, wie sich der Sattel auf das „Bewegungsgefüge Pferd" auswirkt und wie der Sattler dem Pferd helfen kann. Auch haben sie meinen Blick für die verschiedenen Reiterexterieure geschärft. Auch von Fritz Weiss, Vizepräsident der deutschen Sattler, habe ich in nächtelangen Fachgesprächen viel über Sättel gelernt. Es ist schön, dass es Fachleute gibt, die mit ihrem Wissen nicht hinterm Berg halten. Das wird auch bei den jährlich stattfindenden Sattlertagungen deutlich, die jedem Sattlermeister offen stehen. Aus einer ganz anderen Perspektive werden Zäume und Sättel von Restauratoren gesehen: Martina Poyer aus der „Hofjagd- und Rüstkammer des Kunsthistorischen Museum in Wien" hat mir die Augen dafür geöffnet.

Reitlehrer sollten alles in ihrer Macht Stehende tun, um ihren Schülern mit ihrem Pferd zu helfen. (Foto: Neddens Tierfotografie)

Klassische Arbeit
AM KAPPZAUM

WER MEINEN WEG NOCH BEEINFLUSSTE

Ein zufälliges Zusammentreffen mehrerer Personen, die am Reiten im Damensattel interessiert waren, führte zur Gründung der „Interessengemeinschaft zur Förderung des Reitens im Damensattel in Österreich" (www.damensattel.at) und zur Weiterbildung in England. Ich wurde zum „A-Instructor Damensattel" und knüpfte viele internationale Kontakte zu Spezialisten auf diesem Gebiet, allen voran Roger Philpott. Gemeinsame Schüler aus der Westernreiterei stellten den Kontakt zu Mike Bridges her. Er ist Cowboy, internationaler Westerntrainer und Buchautor. Er bildet Bridlehorses aus, die einhändig auf blanker Kandare geritten werden. Wenn man Mike zuhört, könnte man meinen, er sei mit Pluvinel zur Schule gegangen. So viele Unterschiede bestehen gar nicht zwischen den Reitweisen. Bestätigt wurde diese Feststellung auch in Gesprächen mit Pedro Torres (Working Equitation), Jean Claude Dysli (Western) und Volkhard Lehner (ehemaliger Bereiter an der „Spanischen"). Reinhard Mantler, der Horsemanship praktiziert, aber eine klassische Ausbildung hat, und Hans Treml, Experte für die Kommunikation mit dem Pferd über Körpersprache, halfen mir, mehr über Pferde zu lernen. Carola Lind, unter anderem Tierkommunikatorin, hat mir gezeigt, wie viel „positives Denken" im Umgang mit Pferden und im Leben an sich bringen kann. Durch Andrea Jänisch (international anerkannte Gangpferdetrainerin) lernte ich viel über Gangpferde. Ich begriff, dass es keine verschiedenen Reitweisen gibt, sondern nur gute oder schlechte Reiterei *(Endnote 4)*. Über den Hufschmied der „Spanischen", Karl Jänicke, habe ich Prof. Hans Geyer von der Veterinärmedizinischen Universität Zürich kennengelernt. Beide haben mir viel über Hufe und deren Funktion für den Bewegungsablauf des Pferdes vermittelt. Über den Bewegungsablauf des Menschen lernte ich sehr viel von Dr. Josef Kastner und Prof. Eckart Meyners.

Es gibt noch unzählige andere Menschen, die mich das Reiten aus einem anderen Blickwinkel sehen ließen. Ihr Wissen ist allen „öffentlich zugänglich", jeder kann mit ihnen sprechen, von ihnen lernen.

So, und was hat das alles mit Ihnen zu tun? Ich möchte Sie durch mein Beispiel ermutigen, sich intensiv mit der Arbeit mit dem Pferd zu beschäftigen. Neugierde ist ein sehr positives Element des Lernens. Lesen Sie, reden Sie mit Fachleuten und hinterfragen Sie immer wieder Behauptungen und Anweisungen. Viele „Grundsätze" werden abgeschrieben und als gegeben hingenommen. Ein Beispiel ist die Wirkungsweise der Kandare: Ich habe viel darüber gelesen, der Umgang mit der Stange wurde mir von Könnern (Bereiter der „Spanischen") erklärt und kontrolliert, bei den diversen Reitlehrerausbildungen wurde immer wieder darauf eingegangen. Ich habe dieses Wissen im Unterricht weitergegeben. Trotzdem vermittelte mir Dressurausbilder Fritz Stahlecker (siehe Gastkapitel von Fritz Stahlecker: „Der HSH-Schulzaum") nach vielen Jahren eine andere Betrachtungsweise, die – ich habe es überprüft – wirklich der Realität entspricht. Reiten kann sehr komplex sein! Und es ist interessant, wie sich eine Information am Rande an einer ganz anderen Stelle positiv auswirkt.

Es ist richtig, dass nicht alle Reiter diese Möglichkeiten haben, sich so umfassend zu informieren. Allerdings stehen doch viele davon Ihnen, Ihrem Reitlehrer, Ihrem Sattler und anderen Interessierten ebenfalls zur Verfügung. Bilden Sie sich aus den Meinungen verschiedener Fachleute Ihre eigene! Ergänzen Sie sie mit jeder Information, die Sie bekommen können. Auch vom Zuschauen kann man lernen. Probieren Sie es aus. Der Vorteil am Erweitern des Wissensschatzes liegt auf der Hand: Man lernt viel. Der Nachteil: Jede beantwortete Frage führt zu weiteren. Und am Ende erkennt man, wie wenig man eigentlich weiß.

Grundlegendes zur Arbeit mit dem Pferd

Pferd und Reiter sind ein Team, jeder hat seinen Aufgabenbereich. Der Reiter sollte für die Anweisungen zuständig sein, das Pferd für die Ausführung. Im wirklichen Leben tauschen die beiden manchmal kurzfristig die Rollen. Damit das Teamwork gelingt, muss der Reiter wissen, *wann* das Pferd *was wie*, am besten auch *warum*, machen soll. Und natürlich, *wann welche* Hilfe *wie* und *warum* zum Einsatz kommen muss, um ein gewünschtes Ziel zu erreichen.

MOTIVATION UND AUSRÜSTUNG

Die Ausrüstung des Pferdes sollte so angepasst sein, dass sich das Pferd wohlfühlt und sich ganz auf seinen Part konzentrieren kann, ohne durch Schmerzen abgelenkt zu werden.

Ein Wanderer mit drückendem Rucksack oder unpassenden Schuhen wird auch weniger Freude an seiner Freizeitbeschäftigung haben, als er mit passender Ausrüstung hätte.

Wir reiten doch, weil es uns ein tolles Gefühl gibt. Wie oft sind wir nach dem Reiten glücklicher als vorher? Wie oft laden wir dabei unsere Batterien wieder auf? Wie oft können wir „abschalten" und unsere Lebensqualität dadurch verbessern? Und all das verdanken wir dem Pferd! Wir sollten also alles daransetzen, den Partner Pferd zu motivieren, wenn wir so viel Positives aus dem Umgang mit ihm ziehen. Viele Pferde haben mehr Spaß auf der Koppel in ihrer Herde als beim Reiten. Erbringt es für uns Leistung, sollte es das gern tun. Loben Sie Ihr Pferd – gern mit Begeisterung, seien Sie ruhig emotional. Loben Sie es so, wie Sie gelobt werden wollen! Hat das Pferd keinen Spaß bei seiner Zusammenarbeit mit uns, gibt es uns ein weniger gutes Gefühl – und um eben jenes Gefühl geht es doch.

Über dieses Buch

Ich werde von meinen Schülern sehr oft zum Thema „Kappzaum" befragt. Das hat mich überrascht, weil der Kappzaum an der Spanischen Hofreitschule Teil des täglichen Lebens ist. Die Verwendung des Kappzaums ist dort so selbstverständlich, dass ich mir gar nicht vorstellen konnte, dass es Reiter gibt, die davon noch nie etwas gehört haben, noch nie zugesehen haben, wie er genutzt wird, geschweige denn selbst damit gearbeitet haben. Leider gibt es diese Reiter sehr wohl und das möchte ich ändern. Also erkläre ich meinen Schülern immer wieder gern den

Klassische Arbeit
AM KAPPZAUM

Kappzaum und die Möglichkeiten, ihn zu verwenden. Ich versuche, Vor- und Nachteile der einzelnen Modelle zu besprechen (ein Unterfangen, das ohne die verschiedenen Kappzäume schwer umzusetzen ist – man hat ja nicht immer alle Modelle im Koffer). Auch zeige ich in der Praxis, wie Reiter den Kappzaum nutzen können. Dabei überzeuge ich viele Skeptiker: Die Reaktion der Pferde gibt der Verwendung von Kappzäumen recht.

Nun hat sich die Gelegenheit ergeben, mich zu diesem wichtigen Thema in Form des vorliegenden Buches zu äußern. Das Ergebnis liegt vor Ihnen. Ich wünsche Ihnen viel Spaß mit dem Buch und hoffe, es beantwortet einige Ihrer Fragen und hilft Ihnen bei der Arbeit mit Ihrem Pferd!

Anmerkungen am Rande: Lesen Sie das ganze Buch. Es gibt bei der Arbeit mit Pferden Regeln – und Ausnahmen. Einige davon werden weiter hinten im Buch besprochen. Auch möchte ich erwähnen, dass ich, wenn ich von „Reitern" spreche, natürlich auch die Reiterinnen meine. Des Weiteren möchte ich betonen, dass dieses Buch keinen Anspruch auf Vollständigkeit erhebt. Es gibt so viel zum Thema Pferdeausbildung zu sagen, dass weder ein Buch noch ein Reiterleben dafür ausreicht.

Pluvinel, Erfinder der Pilaren, verwendete unter anderem den Kappzaum aus Seil.

Aus: Pluvinel, L'Instruction du Roy en l'Exercise de monter à Cheval ..., ISBN: 3-487-06658-0, Georg Olms Verlag, Hildesheim. (Mit freundlicher Genehmigung des Georg Olms Verlags)

VORWORT

Klassische Arbeit
AM KAPPZAUM

DER KAPPZAUM
in der Geschichte

Der Kappzaum ist zunächst einmal ein „gebissloser Zaum". Das mittelhochdeutsche Wort *zoum* (althochdeutsch *zaum*) beschreibt ein Seil oder einen Riemen. Die ersten Zäume, die dem Pferd angelegt wurden (man geht davon aus, dass bereits um 3500 v. Chr. Pferde als Reittiere verwendet wurden, erste Nachweise gibt es um das Jahr 2800 v. Chr.), bestanden aus einem Rohlederhalfter, das um die Nase geknotet oder durch das Maul geführt wurde. Die Indianer in Nordamerika hatten später übrigens dieselbe Idee wie die ersten europäischen Reiter.

Später wurden dem Pferd zwei kurze Stangen aus Horn oder Geweih, die mit einer kurzen Schnur verbunden waren, über die Nase gebunden. Durch die kneifende Wirkung („Nussknackereffekt") konnten Pferde leichter unter Kontrolle gehalten werden. Diese Wirkung haben gebrochene Gebisse bis heute. Das erste Gebiss mit Nussknackerwirkung tauchte übrigens 1400 v. Chr. auf.

Es gab interessanterweise in verschiedenen Regionen der Erde immer wieder sehr ähnliche Erfindungen – oft unabhängig voneinander und oft zeitgleich. In unterschiedlichen Kulturkreisen haben sich allmählich verschiedene Reitweisen entwickelt. So haben die Ritter der nördlichen Heere (in der Region der heutigen Bundesrepublik Deutschland oder des heutigen Frankreichs etwa) sowohl ein gebrochenes Gebiss (Trense) als auch ein ungebrochenes Hebelgebiss (Kandare) verwendet. Die Ritter der südlichen Heere (zum Beispiel auf der Iberischen Halbinsel) haben Kappzäume und ungebrochene Hebelgebisse verwendet, jedoch keine gebrochenen. Diese Tradition hat sich durch die Eroberung der „Neuen Welt" durch die Südeuropäer bis heute in Teilen Amerikas erhalten. So beginnen Cowboys die Ausbildung ihrer Pferde in Kalifornien heute noch gebisslos (Bosal) und stellen später auf Kandare

DER KAPPZAUM IN DER GESCHICHTE

um. Dasselbe gilt für viele Reiter in Spanien, Portugal und der Camargue.

Unsere alten europäischen Reitmeister verwendeten zur Ausbildung ihrer Pferde immer wieder den Kappzaum. Sie erkannten offenbar den Vorteil des maulschonenden Werkzeugs. Wie schon erwähnt, werden die Eleven der Spanischen Hofreitschule angehalten, Bücher dieser „alten Meister" zu lesen (die meisten dieser Bücher sind übrigens auch heute noch erhältlich). Das geschieht schon während der Ausbildung an der Longe, die immerhin zwischen einem Dreivierteljahr und eineinhalb Jahren dauert. So verfügt der junge Schüler über ein fundiertes Wissen, das sich über die Generationen als „richtig" erwiesen hat.

Diese theoretische Grundlage wird dann unter Aufsicht der Bereiter auf ihre praktische Anwendbarkeit hin überprüft. Der Schüler durchlebt die Vergangenheit der Reitkunst praktisch im Zeitraffer.

Bevor sich der junge Reiter in eine Sackgasse verläuft, wird er von einem erfahrenen Bereiter auf „den rechten Weg" zurückgeholt. Das ist nur möglich, da Schulpferde zur Verfügung stehen, die dem jungen Reiter das richtige Gefühl vermitteln. Dies gilt natürlich auch für den Umgang mit dem Kappzaum. Die Schulhengste reagieren auf feine Nuancen in der Körpersprache und in der Einwirkung mit der Hand.

Von Pluvinel bis Newcastle

DER KAPPZAUM BEI GRISONE

Das Erscheinungsbild der Kappzäume unterschied sich je nach Anforderung: Der italienische Reitmeister Federigo Griso, genannt Grisone (1507–1570), der als Begründer der 1532 gegründeten Reitakademie

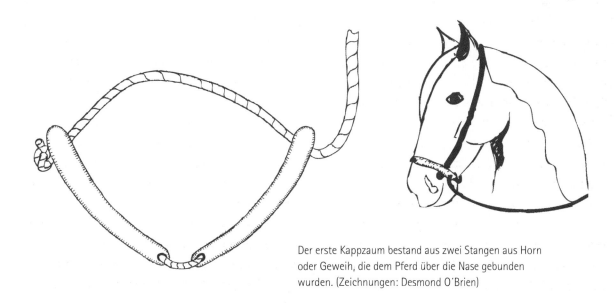

Der erste Kappzaum bestand aus zwei Stangen aus Horn oder Geweih, die dem Pferd über die Nase gebunden wurden. (Zeichnungen: Desmond O'Brien)

Klassische Arbeit
AM KAPPZAUM

in Neapel gilt, beschreibt Kappzäume, die aus Seil bestanden. Es gab Nasenseile mit stärkerem oder mit schwächerem Durchmesser, die härter oder weicher in der Beschaffenheit waren. Manchmal wurde das Seil einfach verwendet, manchmal geflochten, mal war es breiter, mal schmaler und runder. Der Kappzaum zu Grisones Zeit wurde oft aus einem einzigen Seil gekonnt zu einem Zaum geknüpft oder aus verschiedenen Seilen kombiniert. Man lernte offenbar durch Versuch und Irrtum. Die Ausbilder haben viel herumprobiert: Bewährte sich ein Modell nicht, wurde es geändert.

Auch Kappzäume mit Naseneisen aus Metall kamen im 16. Jahrhundert zum Einsatz, und auch hier waren der Vielfalt keine Grenzen gesetzt: Es gab sie gebogen oder flach, mit gebrochenen Kanten oder mit Zacken versehen. Zur stärkeren Belastung wurden manche Naseneisen bombiert. Als Bombieren bezeichnet man eine wölbende Verformung. Im Gegensatz zu „Flacheisen" ist bombiertes Eisen wesentlich stabiler. In alten Schriften findet man die Bezeichnung „hohl" dafür.

Auch Straßen werden bombiert, um das Wasser besser abfließen zu lassen. Naseneisen wurden also je nach Erfahrung und Fantasie des Ausbilders angefertigt.

DER KAPPZAUM BEI PLUVINEL

Antoine de la Baume Pluvinel (1555–1620), Reitlehrer von Ludwig XIII., König von Frankreich, gilt als Erfinder der Pilaren. Er setzte sich für die gewaltfreie Ausbildung der Pferde ein. Zwei seiner bekanntesten Zitate sprechen für seine positive Einstellung dem Pferd gegenüber: *„Das Pferd muss selbst Freude an der Reitbahn haben, sonst wird dem Reiter nichts mit Anmut gelingen."* Und: *„Wir sollten besorgt sein, das Pferd nicht zu verdrießen und seine natürliche Anmut zu erhalten, sie gleicht dem Blütenduft der Früchte, der niemals wiederkehrt, wenn er einmal verflogen ist."*

Interessant: Pluvinel wusste durchaus, dass man Gewaltfreiheit nur durch Konsequenz erreicht. Ihm zufolge war der Kappzaum ein wertvolles Mittel zur Korrektur und Ausbildung des Pferdes, ohne das sensible Maul zu beeinträchtigen:

„ (…) Will es (das Pferd) ausweichen, korrigiert es sich durch den Kappzaum selbst viel genauer, als dies ein Mensch je könnte."

Pluvinel verwendete in der Pferdeausbildung sowohl den Kappzaum aus Seil als auch ein scharfes Modell aus Eisen, ähnlich der Spanischen Serreta (siehe Kapitel „Modelle").

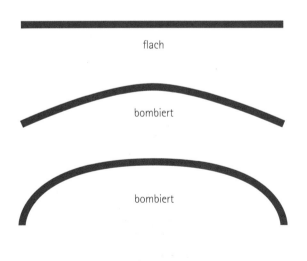

„Bombiert" bezeichnet eine wölbende Verformung.

DER KAPPZAUM IN DER GESCHICHTE

Der Kappzaum bei Grisone:
Die obere Abbildung zeigt einen
weichen Kappzaum aus Seil,
wie ihn Grisone verwendete.

Unten ist ein scharfer bombierter
Kappzaum aus gezacktem
Metall abgebildet.
(Zeichnungen: Desmond O´Brien)

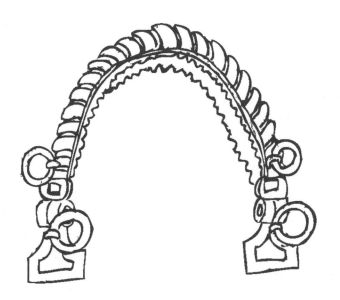

Klassische Arbeit
AM KAPPZAUM

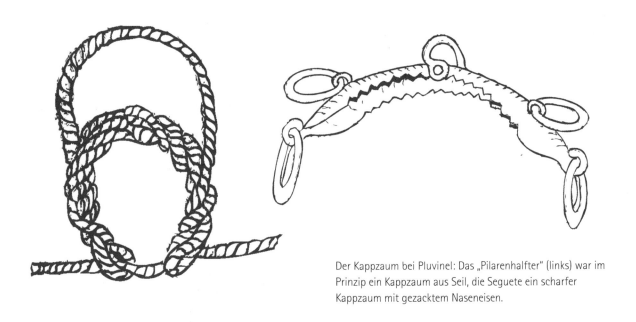

Der Kappzaum bei Pluvinel: Das „Pilarenhalfter" (links) war im Prinzip ein Kappzaum aus Seil, die Seguete ein scharfer Kappzaum mit gezacktem Naseneisen.

DER KAPPZAUM BEI DE LA BROUÉ

Salomon de la Broué (1530–1610), einer der bedeutendsten Reitlehrer des 16. Jahrhunderts, beschrieb den Kappzaum als Instrument, das das Pferd „verhalten, aufrichten und leicht an der Hand machen" kann.

Ohne Maul und Kinngrube zu beeinträchtigen, lehre der Kappzaum das Pferd „Wenden und Parieren". Auch um „die Schultern und die Vorderbeine zu erleichtern" und „Kopf und Kruppe festzustellen" sei der Kappzaum probates Mittel. De la Broué sah den Kappzaum nicht nur als Ausbildungsgegenstand für junge Pferde, sondern auch als Hilfsmittel zur Korrektur, „wenn in der Reitbahn Schwierigkeiten bei ausgebildeten Pferde auftreten, weil das Pferdemaul, auf das die Kandare in erster Linie wirkt, viel empfindlicher ist als die Stelle der Nase, auf der der Kappzaum aufliegt und das Pferd nach Beendigung der Arbeit mit dem Kappzaum wieder aufmerksamer im Maul und damit leichter an der Hand wird".

DER KAPPZAUM BEI NEWCASTLE

Reitmeister William Cavendish, bekannt als Herzog von Newcastle (1592–1676) beschrieb die Funktion des Kappzaums ganz ähnlich wie de la Broué: „Der Kappzaum dient zum Verhalten, Aufrichten und Leichtmachen des Pferdes, um ihm das Wenden und Parieren beizubringen, den Hals biegsam zu *machen, Kopf und Kruppe in Stellung zu halten und dabei Maul, Laden und die Stelle, an der die Kinnkette liegt, gesund und unverdorben zu lassen (...)".*

Newcastle entwickelte einen eigenen Kappzaum zur Schonung des Pferdemauls, den er mit dem von ihm erfundenen Schlaufzügel verwendete.

Fakt ist also, dass der Kappzaum für die Reitmeister des 16. Jahrhunderts bereits einen festen Platz in der Pferdeausbildung hatte.

Der Kappzaum im 17. und 18. Jahrhundert

DER KAPPZAUM BEI DE LA GUÉRINIÈRE

François Robichon de la Guérinière (1688–1751), der in seiner École de Cavalerie als Erster eine systematische Ausbildung für das Pferd beschrieb, die vom Leichten zum Schweren führt, sprach sich eindeutig für Kappzaum ohne Zacken am Naseneisen aus: *„Es gibt gewundene, hohle und mit Zähnen an der Seite versehene, aber auch glatte Kappzäume. Die glatten sind die besten, denn die schärferen, die hohl und mit Zähnen versehen sind, können das Pferd an der Nase verletzen, wenn sie nicht mit Leder überzogen werden. Der Kappzaum soll einen Finger breit über der Öse der Kandare liegen, damit er weder die Wirkung des Mundstücks noch der Kinnkette beeinträchtigt."*

De la Guérinière lehnte jede Gewaltanwendung ab. Adam von Weyrother, ein Oberbereiter an der „Spanischen", war ein Zeitgenosse von de la Guérinière. Über ihn dürfte seine Lehre nach Wien gekommen sein, wo sie bis heute Gültigkeit hat.

Der Kappzaum nach de la Guérinière.

DER KAPPZAUM BEI FREIHERR J. B. VON SIND

„Anfänglich pflege ich meine Pferde mit Wassertrensen und Cavezon (Endnote 5) anzureiten, um ihnen dadurch den Gebrauch der Zügel zu erklären.

Klassische Arbeit
AM KAPPZAUM

(...) so will ich doch allemal lieber anraten, junge Pferde anfänglich mit Cavezon und Trensen zu arbeiten, als durch ein empfindlicheres Werkzeug, wie das Mundstück mit Stangen ist, (...)."

Freiherr von Sind war Oberst eines Kavallerieregiments, erster Stallmeister von Maximilian Friedrich von Königsegg-Rothenfels (1708–1784), der Erzbischof von Köln, Kurfürst des Heiligen Römischen Reiches, Erzkanzler für dessen italienische Nation, Fürstbischof von Münster und Herzog von Westfalen war. In von Sinds Schrift „*Vollständiger Unterricht in den Wissenschaften eines Stallmeisters*" von 1770 ist zu lesen, dass er anfangs eine Wassertrense und einen mit Leder überzogenen Cavezon (also Kappzaum) mit einem Ring verwendete, in den er die Longe einschnallte. Wichtig war für ihn, dass das Pferd vertrauensvoll an den Cavezon herantrat. Die Kontrolle über das Pferd erfolgte über die Longe. Erst wenn es auf die Kommandos des Longenführers ruhig reagierte, wurden vorsichtig die Zügel der Trense angestellt und das Pferd behutsam auf das Gebiss und somit auf den Reiter umgestellt. Wie in Spanien und Portugal heute noch üblich, wurden auch damals Pferde oft mit Kappzaum und Stange (Kandare) angeritten.

Obwohl der Kappzaum zu von Sinds Zeit allgemein bekannt war, war es doch eher ein kleiner Kreis, der wirklich mit dessen Wirkungsweise vertraut war und ihn gezielt einsetzen konnte.

DER KAPPZAUM BEI LOUIS SEEGER

Louis Seegers (1798–1865) Reitlehre „*System der Reitkunst*" erschien 1844. Sie beruft sich auf Mathematik und Mechanik. Seeger erklärt darin die Reitkunst für jeden logisch nachvollziehbar. Sehr interessant sind etwa die Erklärungen der Fußfolge und des daraus resultierenden Timings des Treibens und Parierens. Der Kappzaum garantierte Seeger zufolge nicht nur die Schonung des Mauls, sondern auch die Nachgiebigkeit des Genicks: *„Die alten Meister bedienten sich, wie dem Leser bekannt sein wird, zur ersten Bearbeitung des rohen Pferdes nicht der Trense, sondern des Kappzaums. Dieses Instrument hat nicht nur den Vorteil, dass es das Maul vollkommen intakt lässt, sondern auch noch den größeren, dass dadurch die unbedingte Nachgiebigkeit des Genickes in viel sicherer Weise begründet werden kann als mit der Trense. Da nämlich die Hauptmuskeln des Halses über die Genickverbindung hinweglaufend sich an dem Oberkiefer anheften, so vermag das auf Trense gezäumte Pferd, während es dem Drucke auf die Laden mit dem Unterkiefer nachgibt, doch sehr wohl die Halsmuskeln zu steifen und im Genicke vollkommen unnachgiebig zu bleiben, und wenngleich wir diesem Übelstande durch Anwendung der sogenannten Hannoverschen Reithalfter zu begegnen suchen, so können wir dies damit doch nie in so durchgreifender Weise wie mit dem Kappzaume, bei welchem das Gegenhalten der Hand direkt auf den Oberkiefer wirkt."*

DER KAPPZAUM BEI GUSTAV STEINBRECHT

Gustav Steinbrecht (1808–1885) war Schüler von Louis Seeger und wurde maßgeblich von ihm beeinflusst. Sein Werk „*Gymnasium des Pferdes*" (1884) gilt nach wie vor als eines der Standardwerke der Reitliteratur und floss in die Heeresdienstvorschrift Nummer zwölf ein, die sich heute noch in den Richtlinien für Reiten und Fahren findet.

DER KAPPZAUM IN DER GESCHICHTE

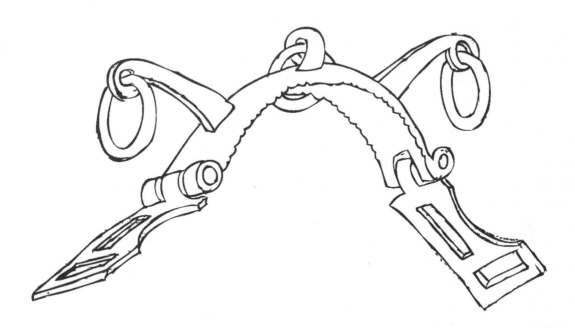

Es gab bereits vor mehreren Jahrhunderten Kappzäume mit Dornen, die durch den längeren Kraftarm die Wirkung der Zügelanzüge verstärken.

Interessant seine Mahnung, den Kappzaum mit Vorsicht einzusetzen: *„Für den Kappzaum gilt sinngemäß auch, was für das Gebiss selbstverständlich sein sollte, es leider aber selten ist: Man darf nicht daran ziehen und schon gar nicht reißen, sondern muss mit möglichst leichten, weichen und kurzen Hilfen einwirken, die einer abwechselnd nachgebenden und aushaltenden Hand entspringen, niemals einer zurückziehenden!"*

Kappzaum mit Dornen

Immer wieder machten sich die Ausbilder früherer Jahrhunderte die Wirkung des Hebels zunutze und verwendeten Dornen, die mit ihrem längeren Kraftarm die Wirkung der Zügelanzüge am Kappzaum verstärkten. An diesen seitlichen Ringen wurden entweder die Zügel befestigt oder die Schlaufzügel (einseitig oder beidseitig) durch sie hindurch geführt.

Folgende Seite: Desmond O'Brien longiert ein auf Kappzaum gezäumtes Pferd. (Foto: Neddens Tierfotografie)

Klassische Arbeit
AM KAPPZAUM

DER KAPPZAUM
in der Gegenwart

Der Kappzaum wurde in der Geschichte der Pferdeausbildung praktisch immer verwendet – das hat sich bis heute glücklicherweise nicht geändert. In den meisten Reitlehren wird er erwähnt, meist im Zusammenhang mit dem Longieren oder der klassischen Handarbeit.

Früher mehr oder weniger nur dem Adel vorbehalten, für den Qualität ein „Muss" war, hat sich Reiten im 20. Jahrhundert bis heute zum Breitensport entwickelt. Da die Nachfrage an qualifizierten Bereitern und Reitlehrern höher war als das Angebot, kamen auch solche zum Zug, die über wenig Erfahrung und Können verfügten. Auch die Reitschüler wurden (und werden?) leider anspruchsloser, getreu dem Motto: „Besser der Spatz in der Hand als die Taube auf dem Dach". Dieses Manko konnte bis heute nicht aufgeholt werden, da auch für die Ausbildung der Reitlehrer weniger hochqualifizierte Lehrer zu Verfügung standen und stehen. Die Gruppe der hervorragenden Reiter war immer schon eher klein *(Endnote 6)* – daran hat sich bis heute nichts geändert. Immerhin haben sich die Möglichkeiten der Wissensverbreitung deutlich verbessert *(Endnote 7)*.

Der Kappzaum wird mittlerweile von vielen Profis und Freizeitreitern verwendet. (Foto: Neddens Tierfotografie)

DER KAPPZAUM IN DER GEGENWART

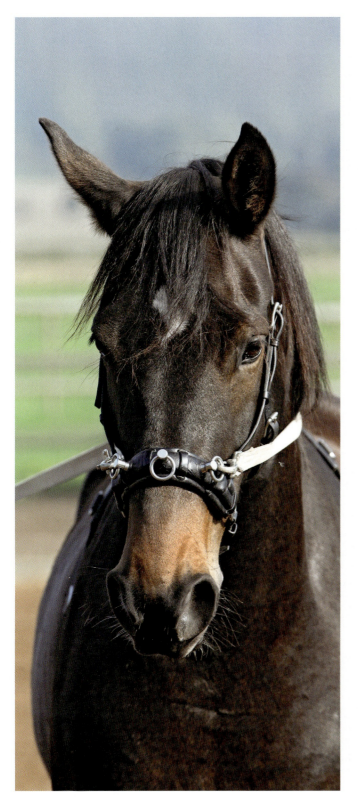

Trotz vieler Negativbeispiele wird der Kappzaum heute nach wie vor von vielen Reitern und Ausbildern als Ausbildungshilfe geschätzt. Auch an den vier Hofreitschulen ist er Bestandteil der täglichen Arbeit: Er dient zum Führen der Hengste, zum Anlongieren, zur Handarbeit und wird bei der Sitzschulung der Reiter an der Longe verwendet. Er kommt also traditionsgemäß zum Einsatz:

> an der Spanischen Hofreitschule zu Wien, Österreich
> an der „Real Escuela Andaluza del Arte Ecuestre" („Königlich-Andalusischen Reitschule") in Jerez de la Frontera, Spanien
> an der „Escola Portuguesa de Arte Equestre" („Portugiesischen Schule der Reitkunst") in Queluz, Portugal
> beim Cadre Noir in Saumur, Frankreich.

Die Hofreitschulen verzeichnen jährlich Tausende Besucher aus aller Welt, die das Gesehene mit nach Hause nehmen. Schüler aus allen fünf Kontinenten werden an diesen Schulen in der Reitkunst unterwiesen und erleben auch die Handhabung des Kappzaums. Zusätzlich stehen viele Bereiter dieser Schulen weltweit für Unterricht zu Verfügung. Auch sie vermitteln den traditionellen, korrekten Umgang mit dem Kappzaum.

Da er jedoch meist in der Ausbildung genutzt wird, sieht man ihn eher selten in der breiten Öffentlichkeit. Öfter als vermutet findet er jedoch Erwähnung in Fachbüchern (siehe auch Literaturliste). Unter anderen hat sich auch Ausbilder Fritz Stahlecker in seiner „Hand-Sattel-Hand-(HSH-)Methode" mit dem Kappzaum beschäftigt und sein Wissen

Klassische Arbeit
AM KAPPZAUM

DER KAPPZAUM IN DER GEGENWART

weitergegeben (siehe Kapitel: „Der HSH-Schulzaum: Gastkapitel von Fritz Stahlecker"). Die Fürstliche Hofreitschule in Bückeburg verwendet ebenfalls den Kappzaum, sowohl zur Handarbeit als auch zum Reiten, und lehrt den Umgang damit.

Ist die Anwendung eines Kappzaums immer pferdegerecht?

Korrekt genutzt hilft der Kappzaum dabei, Pferde schonender auszubilden, um sie länger gesund und leistungsfähig zu erhalten (das sollte generell das Ziel des Reitens und Ausbildens sein). Immer mehr Freizeitreiter wissen das und informieren sich zum Thema „Kappzaum". Bei der Google-Suche werden beim Suchwort „Kappzaum" bei Entstehung dieses Buchs 245.000 Ergebnisse angezeigt, Pferdezeitschriften beschäftigen sich mit dem Thema, stellen Methoden und Modelle vor. Verschiedene Kappzaum-Modelle werden von Herstellern von Pferdesportzubehör beworben, Bücher, Seminare und sogar Onlinekurse zum Longieren – natürlich mit Kappzaum – werden angeboten (etwa von Babette Teschen). Auch das Reiten auf Kappzaum wird zunehmend thematisiert.

Wenn der Kappzaum ein pferdegerechtes Werkzeug ist und mittlerweile mehr und mehr verwendet wird, müssten wir mehr und mehr pferdegerechtes Longieren und Reiten sehen, nicht wahr? Ganz so einfach ist es aber leider nicht. Wer den Kappzaum einfach „aus dem Bauch heraus" nutzt, macht aber meist unbewusst einiges falsch. Denn es gibt einige Kleinigkeiten zu beachten: korrekte Körpersprache, gezielte Einwirkung mit der Stimme, der Hand, der Longierpeitsche oder der Touchiergerte, Wissen um die Fußfolge und ein paar weitere Dinge. Man tut also gut daran, sich in der Anwendung des Kappzaums erstens Hintergrundwissen anzueignen (das tun Sie ja gerade) und sich zweitens von einem guten Ausbilder anleiten zu lassen. Der Kappzaum selbst ist ein Werkzeug. Um damit gute Erfolge zu erzielen, ist es notwendig, den Umgang damit zu erlernen. Dazu gehört nicht nur zu wissen, wofür die einzelnen Teile dienen, sondern auch, wie der Kappzaum überhaupt wirkt, wann und warum man ihn einsetzt.

Meine Erfahrungen mit dem Kappzaum sind von der Spanischen Hofreitschule geprägt. Ich werde deshalb in den folgenden Kapiteln vorwiegend erklären und beschreiben, wie dort gearbeitet wird und warum. Das beginnt beim Führen, geht über zum Longieren und mündet in der Handarbeit, wobei alle drei Anwendungsgebiete der Vorbereitung auf das Reiten dienen.

Die Fürstliche Hofreitschule in Bückeburg setzt den Kappzaum ebenfalls bei Ausbildung und Vorführung der Pferde ein. (Foto: Niels Stappenbeck)

Klassische Arbeit
AM KAPPZAUM

DIE BESTANDTEILE
des Kappzaums

Ich werde in diesem Kapitel die Bestandteile des Kappzaums erklären, und zwar anhand des Modells, das an der Spanischen Hofreitschule in Wien verwendet wird.

DER KAPPZAUM BESTEHT AUS:
> dem Kappzaumeisen mit den Ringen
> einem Polsterl (= Unterlage)
> einem Umlaufriemen
> einem Backenstück
> einem geteilten Ganaschenriemen und
> einem geteilten Kinnriemen.

Die Namen der einzelnen Riemen sind leicht zu merken, sie sind nach dem Teil des Pferdekopfes benannt, auf dem sie zu liegen kommen (*Genick*riemen, *Backen*stück, *Nasen*riemen und so weiter). Es sollte also nicht allzu schwierig sein, die Teile zu benennen, wenn man in der Anatomie etwas bewandert ist. Eine andere Möglichkeit der Benennung ergibt sich aus dem Zweck: „Unterlage" bedeutet, dass ein Riemen mit einem Polster unterlegt wird. Sie *polstert* den Riemen. Das Polsterl ist also eine Unterlage. Der *Umlauf*riemen beschreibt den Verlauf: Er *verläuft* um den Pferdekopf herum.

Kappzaumeisen

Das Kernstück fast jedes Kappzaums ist das *Kappzaumeisen*: Es soll der Form des Nasenrückens entsprechen, um optimal aufzuliegen. Da der knöcherne Nasenrücken nicht völlig rund ist, sondern Ecken aufweist, müssen sich diese auch im Eisen wiederfinden.

Um eine bessere Passform zu gewährleisten, verfügt das Kappzaumeisen über zwei seitlich

DIE BESTANDTEILE DES KAPPZAUMS

angebrachte Gelenke. Generell gilt: Je besser die Passform, desto effizienter die Paraden und desto geringer die Gefahr des Verrutschens bei einem Zügelanzug *(Endnote 7)*. Beim Kauf eines Kappzaums sollten Sie daher vor allem auf die Passgenauigkeit des Kappzaumeisens achten. Passt das Eisen nicht, besteht die Möglichkeit, es nach Maß anfertigen zu lassen (siehe Kapitel „Der maßgefertigte Kappzaum: Hinweise für den Sattler"). Am vorderen Teil des Naseneisens befinden sich drei Ringe. Der mittlere ist beweglich, die beiden seitlichen fest. Der mittlere Ring dient zum Einschnallen des Führzügels oder der Longe, die seitlichen sind für die Zügel. In erster Linie sollen diese Zügel dem Reiter das Führen des Pferdes ermöglichen. Es ist auch möglich, Ausbindezügel einzuschnallen. Allerdings sollte der Longenführer über so viel Können verfügen, dass sich das Pferd selbst trägt und sich nicht in den Hilfszügeln abstützt.

DIE BESTANDTEILE DES KAPPZAUMS:

1 Kappzaumeisen
2 Polsterl
3 Umlaufriemen
4 Backenstück
5 Geteilter Ganaschenriemen
6 Geteilter Kinnriemen

(Foto: Neddens Tierfotografie)

Klassische Arbeit
AM KAPPZAUM

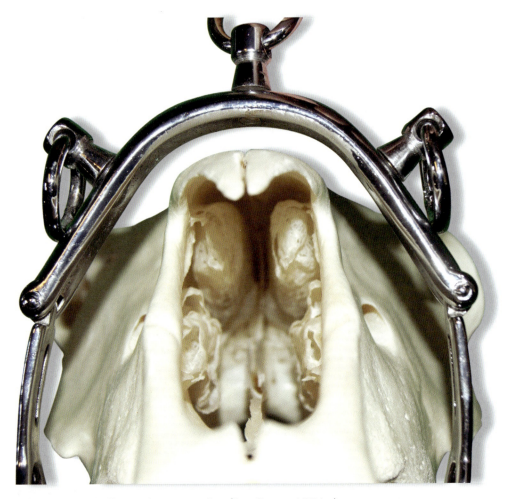

Das Naseneisen muss der Form des Nasenrückens entsprechen. (Foto: Desmond O'Brien)

Jeder Kunstschmied, ja sogar jeder Hufschmied sollte ein Naseneisen wenn schon nicht herstellen, dann wenigstens anpassen oder verändern können. Allerdings muss ein Sattler das Eisen aus dem Kappzaum ausbauen und nach der Veränderung wieder überziehen und einbauen. Fragen Sie im Zweifelsfall Ihren Ausbilder und Ihren Sattler, ob das Naseneisen Ihrem Pferd passt.

Backenstück und Umlaufriemen

Mit Backenstück und Umlaufriemen lässt sich der Kappzaum in der richtigen Höhe am Pferdekopf verschnallen. Da Pferde meist von links aufgezäumt werden, befindet sich das Backenstück mit der Schnalle links. Da der Kappzaum der direkte Vorfahre des hannoverschen Reithalfters ist, wird er auch wie ein solcher verschnallt. Die untere Kante des Kappzaumeisens sollte vier Fingerbreit über dem oberen Nüsternrand zu liegen kommen. Das ist natürlich eine etwas schwammige Maßangabe. Man möge beachten, dass früher die Sattler (eigentlich immer) männlichen Geschlechts waren und über breitere Finger verfügten als die Damen.

Spricht man also von „zwei Fingerbreit", so entspricht das in etwa vier Zentimetern. Dennoch sollte man sich nicht sklavisch daran halten: Beachten Sie die Größe des Pferdes: „Zwei Fingerbreit" bei einem Pony ist in der Regel etwas schmaler als bei einem Großpferd. Der Kinnriemen wird nur so fest verschnallt, dass das Naseneisen zwar nicht verrutschen, das Pferd aber kauen kann. Es ist außerdem immer darauf zu achten, dass keine Haare eingeklemmt werden!

Kinn- und Ganaschenriemen

Der Kinnriemen ist relativ schmal. Einerseits ist wenig Platz in der Kinngrube – ein breiterer Riemen wäre dem Pferd unangenehm. Andererseits erhöht sich durch die schmale Auflagefläche der Druck auf die Kinngrube. Der Kinnriemen wirkt daher sehr effizient. Der Ganaschenriemen wird am unteren Ende der Ganasche verschnallt und verhindert ein Verdrehen des Kappzaums, damit zu keiner Zeit ein Riemen auf das äußere Auge des Pferdes drücken kann.

Der schräg vernähte Ganaschenriemen gewährleistet einen sicheren Halt am Pferdekopf. Ganaschenriemen mit einer beweglichen Schlaufe können dagegen verrutschen. Sie sind deshalb nicht zu empfehlen.

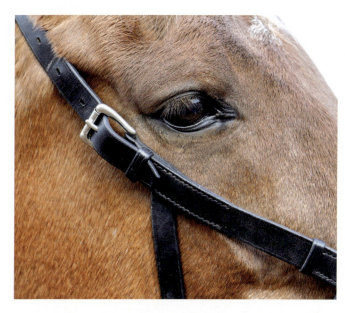

Der vernähte Ganaschenriemen (oben) sorgt für sicheren Halt am Pferdekopf. Bewegliche Schlaufen (unten) können verrutschen. (Fotos: Neddens Tierfotografie)

Klassische Arbeit
AM KAPPZAUM

MODELLE

Naseneisen, Fahrradkette, Seil, mit und ohne Hebelwirkung – im Laufe der Zeit wurden verschiedene Kappzaum-Modelle entwickelt. Generell gibt es Reitkappzäume mit zwei seitlichen Ringen und Longierkappzäume, die einen mittleren Ring besitzen.

Am gebräuchlichsten jedoch sind jene mit drei Ringen. In diesem Kapitel werden nun die verschiedenen Kappzaum-Modelle vorgestellt.

Kappzaumeisen

Im Laufe der Zeit hat es viele verschiedene Modelle und ebenso viele Veränderungen gegeben. Einige Modelle haben sich bewährt, andere nicht. Der Einsatz von Metall und die Erfindung des Naseneisens haben zur Modellvielfalt beigetragen. So gab es unter anderem Kappzäume mit Dornen am Naseneisen, die durch den längeren Kraftarm die Wirkung der Zügelanzüge verstärken. Sie werden heute noch in Spanien und Portugal verwendet.

Mode und Farben

Obwohl „nur" ein Werkzeug, ist auch der Kappzaum, wie jegliches andere Zubehör für Pferde, modischen Trends unterworfen.

Je nach Geschmack oder „passend zum Pferd" ist er in vielen Farben erhältlich. Möglicherweise richtet sich das Angebot wohl auch nach dem Lederlager des Sattlers. So gibt es Kappzäume zum Beispiel in

Der portugiesische Kappzaum wird häufig auf Schauveranstaltungen verwendet. (Foto: Neddens Tierfotografie)

Klassische Arbeit
AM KAPPZAUM

Schwarz, Dunkelbraun, Havanna, Hellbraun, London, Bordeaux, Blau, Rot und Weiß. Weiß wird gern bei Voltigierpferden verwendet, beim Schimmel, wenn er als Showpferd oder Zirkuspferd eingesetzt wird, oder als Kontrastfarbe beim Rappen. Obwohl auf den ersten Blick ungewohnt, passt Rot gut zu einem Braunen, besonders wenn die Bandagen und die Satteldecke im gleichen Farbton gehalten sind. Die verschiedenen Brauntöne passen praktisch zu allen Pferdefarben. In die Riemen können Schnallen aus Edelstahl oder Messing eingenäht werden, in den Farben silber, gelb oder schwarz. Die Farbe der Schnallen kann sich nach der Farbe der Zaumschnallen richten. Nur sehr selten sind in Leder eingenähte Schnallen zu finden.

Führzügel werden aus Zügelgurten hergestellt, die sich in der Breite nach der Fingerlänge der Besitzer richten (siehe auch Kapitel „Der maßgefertigte Kappzaum: Hinweise für den Sattler"). Auch hier gibt es verschiedene Farben.

Modell der Spanischen Hofreitschule

Der Kappzaum der „Spanischen" verfügt nur über ein Backenstück und einen Umlaufriemen. Er braucht nicht verstellt zu werden, da es sich um einen Maßzaum handelt, der für jeden Hengst speziell angefertigt wird.

Das Foto rechts zeigt ein frühes Modell eines Kappzaumeisens aus alten Beständen. Das Naseneisen hat kleine Zacken, die in Wien jedoch mit Leder überzogen und mit einem Polsterl unterlegt sind. Die Zacken machen den Kappzaum durch die verringerte Auflagefläche um einiges schärfer (vergleiche „Spanische Serreta"). Diese Eisen werden in Wien ohne Leder und Filzunterlage nicht mehr verwendet. Kappzäume mit Zacken sollten nur von hochqualifizierten Ausbildern verwendet werden, die über viel Wissen über die Ausbildung und über die Wirkungsweise eines derartigen Kappzaums verfügen und über eine gute, weiche Hand. Es ist einfach nicht notwendig, mit solch scharfen Hilfsmitteln zu arbeiten. Auch hier gilt die oft zitierte Weisheit: „Wo das Können endet, beginnt die Gewalt". Ein bisschen Geduld und ein wenig Überlegung führen meist besser zum Ziel als ein schärferer Zaum. Es dauert vielleicht einige Tage länger, erhält jedoch das Vertrauen des Pferdes in den Menschen. Das heute übliche Kappzaum-Modell der Spanischen Hofreitschule besitzt deshalb eine glatte Innenseite. Es wird ebenfalls mit Leder überzogen und einem Polsterl unterlegt. Das Wiener

Ein früheres Modell eines Kappzaumeisens der Spanischen Hofreitschule, das mit Leder überzogen und mit Polster unterlegt wird. Die Zacken machen den Kappzaum scharf. (Foto: Desmond O'Brien)

MODELLE

Links der Kappzaum, wie er an der „Spanischen" verwendet wird, rechts ein leicht abgewandelter Kappzaum für den privaten Gebrauch. (Foto: Neddens Tierfotografie)

Modell gibt es in verschiedenen Varianten. Auf dem Foto rechts zu sehen ist ein privater Kappzaum, der für die Verwendung außerhalb der „Spanischen" vorgesehen ist.

Im Großen und Ganzen entspricht dieses Modell dem Kappzaum der Spanischen Hofreitschule, verfügt jedoch über ein zweites Backenstück. Durch die doppelte Anzahl an Löchern besteht eine höhere Verstellmöglichkeit. Dies hat sich bewährt bei Verwendung eines Kappzaums für mehrere Pferde. Diese Variationsmöglichkeit ist eine Notwendigkeit für Bereiter und Reitlehrer, die unterschiedliche Pferde arbeiten, aber auch für Besitzer mehrerer Pferde mit unterschiedlichen Nasenrücken. Für sehr schmale Nasengrößen verwende ich eine zusätzliche, dünne Unterlage (Polsterl), die mittels Klettverschluss am Kappzaumeisen befestigt werden kann.

Klassische Arbeit
AM KAPPZAUM

Der sogenannte „Englische" Kappzaum aus Messing ist recht ungenau in der Einwirkung. (Foto: Neddens Tierfotografie)

Kappzaum in „schwerer Ausführung"

Dieses Modell verfügt über ein schweres, massives Kappzaumeisen. Daher wird ein zusätzlicher Riemen vom Genickstück zwischen den Pferdeohren nach vorne und über den Nasenrücken hinunter bis zum Kappzaumeisen angebracht. Das Eisen ist meist dick unterlegt, dadurch liegt es eher schwammig auf und ermöglicht nur eine ungenaue Einwirkung. In der Regel sind solche Kappzäume mit

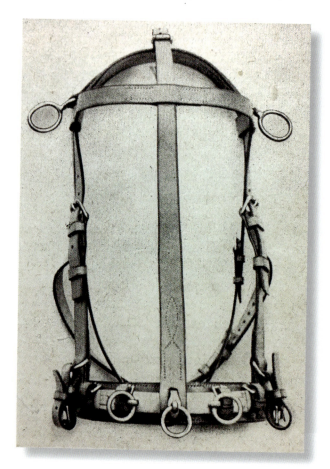

Der Kappzaum in „schwerer Ausführung" hat einen zusätzlichen Riemen vorn über dem Nasenrücken. (Foto: Archiv O´Brien)

„Englischer" Kappzaum aus Messing

Der Name dieses Modells leitet sich vom Import dieser Kappzäume aus England ab.

Messing ist eine weiche Legierung, es kann sich bei Zug verformen. Diese Kappzaumeisen haben den Nachteil, dass sie nicht der Form des Nasenrückens des Pferdes entsprechen. Sie sind meist so rund wie der Rüssel eines Elefanten. Zusätzlich sind sie oft sehr dick gepolstert. Dementsprechend ungenau sind die Passform und die Einwirkung.

MODELLE

Das Kappzaumeisen der Serreta weist innen Zacken auf. Mittlerweile wird die Serreta immer häufiger mit Leder unterlegt. (Foto: Desmond O'Brien)

Stirn- und Kehlriemen versehen. Der Stirnriemen soll den Kappzaum am Zurückrutschen hindern, der Kehlriemen vermeiden, dass sich das Pferd selbst abzäumt. Wird der Kappzaum richtig verschnallt, kann er weder zurückrutschen noch kann ihn das Pferd abstreifen. Dieses Kappzaum-Modell hat sich in der Praxis nicht bewährt; es ist zu schwer, zu ungenau und durch seine plumpe Form mit den vielen Riemen den meisten Pferden unangenehm.

Die spanische Serreta

Das Kappzaumeisen der in Spanien häufig verwendeten Serreta weist innen Zacken auf und wird meist ohne Unterlage verwendet. Dadurch wirkt die Serreta sehr scharf auf den empfindlichen Nasenrücken.

Der (tierschutzrelevante) Grund: Gehorsam wird beim Stierkampf aus verständlichen Gründen großgeschrieben ... Da sich erst im Laufe der Ausbildung herausstellt, ob sich ein Pferd für den Stierkampf eignet, weisen auch viele Verkaufspferde die durch den Gebrauch der Serreta entstandenen Narben auf dem Nasenrücken auf. Da dies zunehmend den Verkaufserlös mindert, werden die spanischen Ausbilder seit Kurzem angehalten, die Serreta mit Leder zu unterlegen.

Je nach Schärfe der Zacken übt bereits das Eigengewicht des Naseneisens Druck auf den Nasenrücken aus. Das kann durch eine sehr enge Verschnallung noch verstärkt werden. Dieses Kappzaum-Modell sollte generell nicht verwendet werden, da es ungepolstert praktisch immer Verletzungen hervorruft, die Narben hinterlassen, dem Pferd also Schmerzen zufügt. Bei stumpfen Zacken

Klassische Arbeit
AM KAPPZAUM

Gezackte Metalleinlage für englische Nasenriemen. (Fotos: Desmond O'Brien)

und einer guten Hand mag die Serreta in Einzelfällen keinen Schaden anrichten, für den Ungeübten ist sie aber keinesfalls zu empfehlen! Wird die Serreta mit Filz unterlegt und mit Leder überzogen, wirkt sie wie ein herkömmlicher Kappzaum.

Die Wirkung des (englischen) Nasenriemens wird durch das Naseneisen erheblich verstärkt. Der Nasenriemen wird im passenden Abstand mit zwei Löchern versehen. Durch diese werden die Dornen gesteckt, die mittels Gewinde in der Metalleinlage fixiert werden können. Anstelle der Dornen werden auch kurze Schrauben genutzt, die an der Außenseite oft dekorative Rosetten aufweisen. Diese sind an der Innenseite oft mit Spitzen versehen, die die Wirkung punktuell verstärken.

Portugiesische Kappzäume

Portugiesische Kappzäume werden oft mit langem Kinnriemen für „englische Verschnallung" gefertigt. Das ist in Portugal üblich und lässt den Pferdekopf vorteilhafter zur Geltung kommen als die hannoversche Verschnallung. Elegante, feine Kappzäume mit sehr schmalem Messingband werden in Portugal bei Schauwettbewerben, Hengst- und Stutenkörungen verwendet. Da das Messingband verformbar ist, passt es sich sehr gut an die jeweilige Pferdenase an. Ein Vorteil, wenn man mehrere Pferde nacheinander vorführt. Der Nachteil: Durch das häufige Verbiegen kommt es zu Haarrissen im Messing. Das Kappzaumeisen muss daher regelmäßig ausgetauscht werden, bei häufiger Verwendung mehrmals pro Jahr. Dieses Kappzaum-Modell eignet sich nur für Pferde, die sehr fein auf den Kappzaum reagieren, also die Grundausbildung mit einem anderen, soliden Kappzaum absolviert haben.

Auch sollte der Vorführende genügend Erfahrung haben, um im Fall eines Bruchs des Messingbands entsprechend schnell reagieren zu können (frei laufende Hengste haben sich auf einer Hengst- und Stutenschau nicht bewährt …).

Das Caveçon wird mittlerweile nicht mehr nur in der Camargue verwendet. (Foto: Neddens Tierfotografie)

MODELLE

Klassische Arbeit
AM KAPPZAUM

Das Kappzaumeisen des Caveçons besteht aus einer Fahrradkette. (Foto: Desmond O´Brien)

Kappzaum der Camargue: der Caveçon

Das Kappzaumeisen des Caveçons besteht aus einer Fahrradkette, die mit Polsterleder überzogen wird. Die Naht verläuft an der Außenseite, damit sie nicht am Nasenrücken reibt. Durch die bewegliche Kette passt dieses Kappzaumeisen fast jedem Pferd. Bei schmalen Pferdenasen sollte die Kette gekürzt werden.

Dieses Kappzaum-Modell hat sich in der Praxis sehr bewährt, da es sich praktisch jeder Pferdenase anpasst. Ist die Fahrradkette nur mit Leder ummantelt, ist die Auflagefläche relativ klein, die Wirkung also punktuell und entsprechend präzise. Daher sollte der Ausbilder mit viel Gefühl einwirken können, um dem Pferd keine Schmerzen zuzufügen.

Andere Kappzäume

Manche Kappzaumeisen besitzen in der Mitte ein drittes Gelenk. Wird der Kinnriemen passend verschnallt, hebt sich das mittlere Gelenk von der Pferdenase weg – bei Zug der Longe verrutscht der Kappzaum seitlich. Das kann außen „ins Auge gehen" und wirkt zudem sehr unpräzise. Dass viele

MODELLE

Dieses Naseneisen hat ein drittes Gelenk und ist mit einem zusätzlichen Wirbel ausgestattet. (Foto: Desmond O´Brien)

dieser Kappzäume dick unterlegt sind, fördert das Verdrehen auf der Nase. Zusätzlich ist dieses mittlere Gelenk oft mit einem Wirbel ausgestattet. Der Nachteil dieses Wirbels besteht darin, dass sich durch die Nickbewegung des Pferdes die Longe ohne weiteres Zutun eindreht. Bei einem Zügelanzug („Parade") dreht sich die Longe eine halbe Umdrehung aus – die Parade erreicht nur den Wirbel, jedoch nicht den Nasenrücken. (Verdrehte Longe: siehe Kapitel „Longieren").

Auf dem Markt sind sehr viele Modelle zu finden. So gibt es auch Kappzäume ohne Naseneisen (siehe Foto Seite 46). Für den Laien ist es oft schwer, Vor- und Nachteile der angebotenen Ware festzustellen. Verkäufer helfen dabei leider nur bedingt, da sie oft geschult wurden, diverse Artikel aus dem vorhandenen Sortiment zu verkaufen.

Das Kappzaumeisen auf Seite 47 wird nicht verwendet, ist aber historisch interessant. Es besitzt Ober- und einen Unterbaum und wurde mit einer Kinnkette verwendet. Seine Hebelwirkung entspricht der einer Kandare beziehungsweise einer mechanischen Hackamore. Es wirkt deshalb sehr scharf und gehörte nur in die Hände erfahrenster Reiter.

Klassische Arbeit
AM KAPPZAUM

MODELLE

Dieses Modell wirkt aufgrund der Anzüge wie eine mechanische Hackamore.

Wie man sieht, hat es alles schon gegeben. Trotzdem werden immer wieder neue, teilweise fragliche Konstruktionen erfunden.

SEHR PREISGÜNSTIGE MODELLE AUS KUNSTSTOFF

Es werden sehr preisgünstige Modelle am Markt angeboten, die zwar sehr leicht sind, allerdings sehr unpräzise in der Einwirkung. Selten sind die billigsten Angebote die besten.

Mein Lehrmeister in der Sattlerei (Friedrich „Fritz" Grabenwöger, ehemaliger Sattlermeister der Spanischen Hofreitschule) bekam eines Tages Besuch von einem Herrn, der unbedingt einen Kappzaum nach dem Vorbild der an der „Spanischen" verwendeten Kappzäume kaufen wollte. Er habe sich von einem Reiterkollegen einen ebensolchen ausgeborgt und wäre damit äußerst zufrieden gewesen. Als er den Preis erfragt hatte, meinte er, das wäre schon sehr teuer. Kappzäume gäbe es ja deutlich billiger. Worauf Fritz meinte, er bräuchte ihn ja nicht zu kaufen. Ein halbes Jahr später war er wieder in der Werkstatt. Er erzählte uns, dass er mittlerweile vier Kappzäume gekauft hätte, jedoch

Dieser Kappzaum aus Leder hat kein Naseneisen. (Foto: Neddens Tierfotografie)

Klassische Arbeit
AM KAPPZAUM

mit keinem zufrieden wäre. Er hätte nun insgesamt mehr für Kappzäume ausgegeben, als ihn der eine gekostet hätte. Worauf Fritz es sich nicht verkneifen konnte zu sagen: „Tja, wer billig kauft, kauft teuer!"

Wichtig: Der Kappzaum muss vor allem Ihren Ansprüchen gerecht werden. Soll ein Pferd nur zweimal im Jahr an der Longe bewegt werden, muss nicht der teuerste Kappzaum dafür verwendet werden.

Bei intensiver Arbeit sieht es allerdings anders aus. Je besser das Werkzeug, desto besser kann das Ergebnis sein (sofern der Umgang mit diesem Werkzeug erlernt wurde).

Andere gebisslose Zäumungen

Generell ist Reiten mit gebisslosen Zäumungen eine Alternative zur herkömmlichen Zäumung auf Trense oder Kandare. Hierzulande werden Reiter, die kein Gebiss einschnallen, oft belächelt. Bei jungen Pferden wird ein gebissloser Zaum noch akzeptiert, „richtige Reiter" verwenden ein Gebiss aus Metall. Allerdings scheint sich dieser Trend gerade umzukehren: Viele Freizeitreiter *(Endnote 8)* aller Stilrichtungen verwenden gebisslose Zäumungen.

Nicht immer ist die Entscheidung gegen das Gebiss freiwillig: Manchmal zieht sich das Pferd eine Maulverletzung zu und der Reiter ist gezwungen, sich näher mit gebisslosen Alternativen zu befassen. Viele machen nun das erste Mal Erfahrung auf diesem Gebiet und sind meist positiv überrascht, wie fein das Pferd auf leichte Zügelanzüge auf die Nase reagiert. Beschäftigt man sich nun ein wenig mit diesem Thema, findet man ganz schnell

Mit preisgünstigen Modellen aus Kunststoff kann man kaum präzise einwirken. (Foto: Neddens Tierfotografie)

heraus, dass es unter anderem in Spanien, Portugal und in Südfrankreich die Regel ist, Pferde gebisslos anzureiten. Auch Westernreiter beginnen die Ausbildung meist auf Bosal, nutzen dann Gebisse und kehren beim ausgebildeten Pferd auf Bosal zurück. Bei Dressurturnieren sind gebisslose Zäumungen nicht zugelassen, im Springen teilweise erlaubt. Darüber hinaus werden sie gern von Wanderreitern verwendet, weil das Pferd in den Pausen ohne Gebiss fressen kann, ohne dass es abgezäumt werden muss. Voraussetzung für den Gebrauch gebissloser Zäumungen ist immer ein unabhängiger Sitz und eine gefühlvolle Hand. Der Nasenrücken des Pferdes ist nämlich sehr empfindlich. Wird zu lange konstanter Druck ausgeübt, kann es zu Durchblutungsstörungen und zu Verletzungen des Unterhautbindegewebes kommen. *Eine Fehleinschätzung ist daher, anzunehmen, ein gebissloser Zaum wirke sanfter als ein herkömmlicher mit Gebiss.* Jeder Zaum wirkt nur so gut oder so scharf, wie die Hand ist, die ihn führt. Junge Mädchen können ein Pferd mit einer „weichen" Trense innerhalb einiger Wochen tot im Maul reiten, ein kräftiger Mann mit guter reiterlicher Ausbildung kann ein Pferd auf blanke Stange einhändig reiten, ohne dem Tier zu schaden. Ganz im Gegenteil, er kann dessen Motivation sogar verbessern.

Pauschal lässt sich also nicht sagen, wann Trense, Kandare oder gebissloser Zaum verwendet werden sollten. Das hängt von den Zielen des Reiters und vom Ausbildungsstand von Reiter und Pferd ab. Das Reiten mit Gebiss ist teilweise auch eine Frage der Versicherung, da Reiten ohne Gebiss von manchen Versicherungsgesellschaften nicht abgedeckt wird.

GLÜCKSRAD (LG-ZAUM)

Wird der Zügel genau gegenüber des Nasenriemens eingeschnallt, entspricht der Zug am Zügel dem Druck auf der Nase. Wird der Zügel jedoch ein oder zwei Speichen tiefer eingeschnallt, entsteht eine Hebelwirkung und der Zaum wird „schärfer". Druckpunkte sind dann der Nasenrücken und der Unterkiefer.

KNOTENHALFTER

Die Knoten sollten genau über den sogenannten Triggerpunkten zu liegen kommen. Diese leiten, vereinfacht gesagt, den Druckimpuls an das Gehirn weiter. Dadurch wirken die Zügelanzüge sehr präzise. Durch die direkte Wirkung auf die Triggerpunkte wirkt dieser Zaum ebenfalls deutlich schärfer als die meisten, die ihn verwenden, glauben. Die Verwendung des Knotenhalfters setzt also eine sehr gefühlvolle Hand voraus!

BOSAL

Das Bosal wird aus Rohhaut hergestellt und liegt auf dem Nasenrücken auf. Durch Einwirkung mit dem Zügel (Mecate) kommt es zu einer Einwirkung auf dem Nasenrücken und an den Unterkieferästen. Es gibt Bosals in verschiedenen Größen und Gewichtsklassen. Der Reiter wechselt im Zuge der Ausbildung zu immer leichteren Ausführungen, mit denen die Hilfen immer feiner gegeben werden können.

In der kalifornischen Tradition des Westernreitens wird das Pferd vollständig mit dem Bosal ausgebildet, bevor es direkt, also ohne Umweg über eine Trense, auf das Spade Bit (eine spezielle Form der Kandare) umgestellt wird. Dieser traditionelle, langwierige Ausbildungsweg wird heute nur noch von wenigen Liebhabern beschritten.

Klassische Arbeit
AM KAPPZAUM

SIDEPULL

Dieser Zaum erinnert an ein Halfter, wirkt jedoch durch das dünne Seil (geringe Auflagefläche) stärker auf die Nase als dieser. Wie der Name vermuten lässt, werden die Zügel seitlich eingeschnallt und helfen durch eine seitwärtsführende Hand beim Wenden.

Das sogenannte Lindel ähnelt dem Sidepull, der Nasenriemen ist jedoch aus Leder.

MECHANISCHE HACKAMORE

Die Hackamore kann über kurze oder lange Anzüge verfügen. Durch diese entsteht eine Hebelwirkung, die auf der Nase und, durch die verwendete Kinnkette, am Unterkiefer Druck ausübt. Aufgrund dessen sollte sie unbedingt nur von sehr gefühlvollen Reitern verwendet werden.

STALLHALFTER

Da sich der Stallhalfter nicht wirklich auf der Nase fixieren lässt, eignet er sich eigentlich nicht zum Reiten. Der eine oder andere wird sein Pferd schon mal auf die Weide geritten und festgestellt haben, dass die Einwirkung sehr ungenau ist. In der Ausbildung ist es also nicht zu empfehlen!

HALSRING

Der Halsring wirkt auf den Armbeugermuskel. Auch er ist nicht harmlos: Er kann bei unsachgemäßer (starker oder lang andauernder) Einwirkung zu Schäden führen.

Der HSH-Schulzaum: Gastkapitel von Fritz Stahlecker

Fritz Stahlecker, geboren 1925, lebt am Rande der Schwäbischen Alb. Seit seiner Kindheit mit Pferden verbunden, hat er bei verschiedenen Quellen fundiertes Wissen über die Ausbildung von Pferden erworben und daraus seine eigene Methode entwickelt: die Hand-Sattel-Hand-(HSH-)Methode. Einen wichtigen Einfluss übte dabei die französische Reitweise der Légèreté aus.

Seit seinem Rückzug aus dem Berufsleben widmet sich Stahlecker ganz der Verbreitung des feinen Reitens und gewaltfreier Ausbildungsmethoden für Pferde. Sein Ziel ist es, Pferde ohne Zwang zur Mitarbeit zu motivieren. Mit der Hand-Sattel-Hand-Methode soll ein Pferd spielerisch und stressfrei auch anspruchsvolle Dressurlektionen erlernen. Während der Grundausbildung verwendet er den von ihm selbst entworfenen HSH-Schulzaum. In diesem Kapitel erklärt er, was er unter einem pferdegerechten Kappzaum versteht und warum.

WIE DER PFERDEGERECHTE KAPPZAUM SEIN SOLL

Mit dem Ziel, das Pferdemaul zu schonen, kombinierten die alten Meister für die Grundausbildung des jungen Pferdes die Kandare mit dem Kappzaum. Dieser war im Bereich der Pferdenase zumeist mit einem eisernen Gelenkbügel versehen. Der zur Hand des Reiters gehende Schlaufzügel wurde durch zwei Seitenringe geleitet. So konnte man dem Pferd besonders die Seitenbiegung besser als mit der Kandare beibringen. Die Wirkung dieser alten Kappzäume – der meisten – war wegen des

Gelenkbügels hart bis brutal. Statt des Mauls wurde die Pferdenase malträtiert.

Sobald das Pferd verstanden hatte und mitmachte, entfiel der Kappzaum. Sicherlich haben die Pferde der alten Meister eine herbe Phase durchgemacht. Danach wurde aber zumeist eine möglichst leichte Führung der Kandarenzügel angestrebt. Man erkennt dies an den mehr oder weniger durchhängenden Zügeln und auch daran, dass diese mit einer Hand geführt wurden. *Bei wenig Druck auf der Zunge versteht das Pferd die Sprache der Hand, der Kandarenfinger, am besten.* Dies lehrt auch die heutige Erfahrung mit Blutpferden!

EIN KAPPZAUM OHNE NASENEISEN

Ich habe jahrelang geprüft, ob es auch ohne den eisernen Gelenkbügel im Kappzaum geht. Alle Pferde haben mitgemacht! Man braucht ihn mit Pferden heutiger Zucht nicht mehr. Der von mir ausgelegte moderne Kappzaum ist an seinen Auflageflächen dick und weich gepolstert. Man kann das Nasenstück straff anziehen, ohne dem Pferd den geringsten Schmerz zu bereiten. Das Nasenkissen passt sich der Form der Pferdenase genau an. Auch bei einseitigem Zug der Zügel oder der Leine gibt es kein Verdrehen oder Verrutschen des Zaums.

Die beidseitigen Ringe des HSH-Kappzaumes sind groß und dick, um ein leichtes Durchgleiten der Zügel oder der Leinen zu gewährleisten.

Ich plädiere dafür, das junge Pferd an der Hand mit Kappzaum vom Boden aus auszubilden. Sein empfindlicher Rücken soll erst nach der Grundausbildung vom Reiter belastet werden, erst wenn es ganz ausgewachsen ist. Der HSH-Kappzaum kann

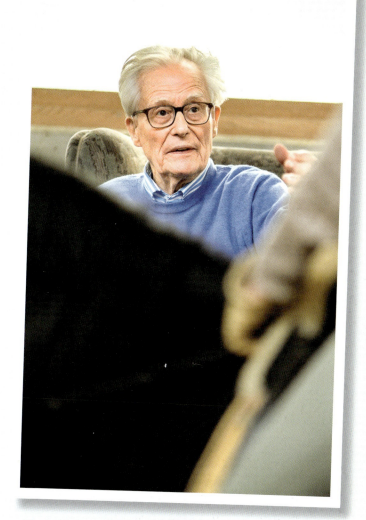

Fritz Stahlecker unterrichtet eine Schülerin.
(Foto: Phillip Weingand)

aber auch später besonders beim Einüben schwieriger Lektionen gute Dienste leisten. Er hilft, das Pferdeleben abwechslungsreicher zu gestalten. Die Kandarenzügel sollen erst dann regieren, wenn

Klassische Arbeit
AM KAPPZAUM

Der HSH-Schulzaum verfügt über zwei seitliche Ringe und hat kein Naseneisen.
(Foto: Phillip Weingand)

MODELLE

eine Lektion allein mit dem Kappzaum klappt. Man sollte dabei darauf achten, dass der gepolsterte Nasenriemen nicht zu tief eingestellt ist. Er soll nicht im Bereich des biegsamen Nasenbeins aufliegen. Dies wäre für das Pferd eine unangenehme Behinderung.

Die beiden Enden des Stirnriemens sind mit Ringen versehen. Sie werden erst später mit gutem Effekt gebraucht, wenn es darum geht, dem Pferd mithilfe von Oberzügeln auf schmerzlose Art die Aufrichtung des Halses zu lehren. Aus gutem Grund gibt es beim HSH-Kappzaum nicht den allgemein üblichen mittigen Ring, der beim Handwechsel das Umschnallen ersparen soll. Die Leine soll beim Longieren am Sattel eingeschnallt und durch den Seitenring umgelenkt zur Hand des Ausbilders gehen. So wird eine radiale Zugrichtung vermieden. Es ist falsch, den Pferdekopf beim Longieren nach innen zu ziehen.

Um schlechten Gewohnheiten vorzubeugen, sei an dieser Stelle nochmals darauf hingewiesen, dass weder der Schlaufzügel noch die Ausbindezügel mit irgendeinem noch so gearteten Gebiss kombiniert werden dürfen. Versuche haben belegt, dass die hierbei auf die Pferdezunge wirkenden Belastungen extrem hoch sein können. Wir haben 80 Kilogramm und mehr registriert. Niemals darf man dem Pferd eine solche totale Fesselung antun.

Wenn der Schlaufzügel dagegen zum HSH-Kappzaum geht, können wir sicher sein, dass das Pferd keinerlei Schmerz erleidet. Auch das gedankenlose Longieren mit im Gebissring eingeschnallter Leine ist eine reiterliche Untat, die das Pferdemaul sinnlos abstumpft. Wer mit dem Kappzaum longiert, vermeidet sie.

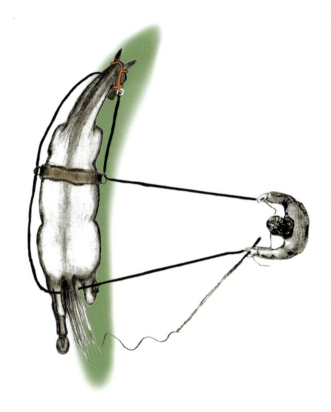

Die Leine soll beim Longieren am Sattel eingeschnallt und durch den Seitenring umgelenkt zur Hand des Ausbilders gehen. So wird eine radiale Zugrichtung vermieden. (Zeichnung: Fritz Stahlecker)

Reitanfänger sollen als Erstes sitzen lernen. In dieser Zeit sollen die Zügel noch nicht zur Trense, sondern zum Kappzaum gehen.

Dies ist alles einfach und verständlich – oder nicht? Aber weshalb reagieren wir nicht entsprechend? Das Herkömmliche hält so viele gefangen – zum Schaden der Pferde.

Klassische Arbeit
AM KAPPZAUM

ANATOMIE
und Druckpunkte

Wissen um Anatomie und Biomechanik des Pferdes erleichtert dem Reiter die sinnvolle Arbeit am Kappzaum, das Reiten an sich und natürlich die gezielte Ausbildung des Pferdes. In diesem Kapitel werden die wesentlichsten Punkte erläutert.

In diesem Buch ist leider nicht genug Platz, um alle biomechanischen Zusammenhänge zu beschreiben, die für die Arbeit am Kappzaum wichtig sind. In der heutigen Zeit besteht aber zum Glück kein Mangel an Informationsangeboten zu diesem Thema. Bücher, Filme, Vorträge oder das Internet – der Interessierte braucht sich nur etwas Zeit zu nehmen und sich zu informieren. Ich empfehle auch immer, nicht allein im stillen Kämmerlein zu lernen, sondern den Austausch mit Fachleuten zu suchen: Ob die Ansprechpartner der Reiterlichen Vereinigungen, Reitlehrer, Bereiter, Veterinärmedizinische Universitäten und Tierärzte, Hufschmiede, Sattler, Physiotherapeuten oder Reha-Zentren – all diese Experten sollten sich mit dem Bewegungsablauf, also der viel zitierten Biomechanik, des Pferdes auskennen und Fragen beantworten können.

Oft fehlt einfach die Zeit oder die Gelegenheit zu umfassenden Gesprächen: Der Tierarzt, Sattler oder Hufschmied wird nur im Notfall konsultiert, und dann bleibt keine Zeit für ein aufklärendes

Diese Teile des Schädels sollten Reiter kennen. (Foto: Neddens Tierfotografie)

ANATOMIE UND DRUCKPUNKTE

„Fachgespräch". Tipp: Da dieses Problem viele Reiter betrifft, könnten in kleinem Kreis ja eventuell Vorträge organisiert werden. Gerade die Winterzeit eignet sich dafür besonders.

Oder besuchen Sie Vorträge, die überall angeboten werden: Schauen Sie zum Beispiel mal bei „Sattelsymposien" an der Veterinärmedizinischen Universität in Leipzig vorbei. Sie sind für alle Interessierten zugänglich. Vorträge über die Muskulatur des Pferdes und ihrer Funktion sind zumeist äußerst anschaulich und lebensecht. Viele dieser Veranstaltungen werden über die Deutsche FN ausgeschrieben. Die daran beteiligten Referenten und Mitwirkenden bringen sehr viel Fachwissen und Engagement in die Vorlesungen ein. Auch die „Interessengemeinschaft zur Förderung des Reitens im Damensattel in Österreich", deren Präsident ich bin, organisiert immer wieder Vorträge zu diversen Themen mit sehr hochkarätigen Referenten. Das Angebot ist also vorhanden.

Anatomie des Pferdekopfs

Jeder Reiter sollte wissen, wo sich folgende Teile des Schädels befinden:

1 Kiefergelenk
2 Oberkiefer
3 Unterkiefer
4 Jochbeinleiste
5 Nasenrücken
6 Gaumen
7 Laden

Klassische Arbeit
AM KAPPZAUM

1 Genick
2 Nasenrücken
3 Gaumen
4 Maulwinkel
5 Zunge
6 Laden
7 Kinngrube

Die sieben Druckpunkte des Pferdekopfs. (Foto: Neddens Tierfotografie)

Die sieben Druckpunkte

Am Pferdekopf gibt es sieben Punkte, an denen der Kappzaum beziehungsweise das Gebiss aufliegen kann. Hier werde ich diese sieben Druckpunkte des Pferdekopfs beschreiben. Das ist wichtig, um die Wirkungsweise des Kappzaums und eventuell des Gebisses besser verstehen zu können.

GENICK

Das Gewicht des Kappzaums drückt auf das Genick des Pferdes. Bei schweren Modellen kann das für das Pferd unangenehm sein. Es ist davon abzuraten, Umlaufriemen und Genickriemen mit Fell zu unterlegen. Dann haben wir es leider mit falsch verstandener Tierliebe zu tun, da die Polster Platz

ANATOMIE UND DRUCKPUNKTE

beanspruchen und dadurch auf die empfindliche Ohrmuschel drücken. Zu enge Stirnriemen sind ebenfalls sehr ungünstig. Sie sorgen zwar für nach vorne gerichtete Ohren – beim Fotoshooting recht praktisch –, fürs Pferd sind sie aber definitiv unangenehm. Tipp: Stirnriemen können in der passenden Länge vom Sattler angefertigt werden.

NASENRÜCKEN

Der Nasenrücken des Pferdes ist sehr empfindlich. Unter der Haut, die praktisch direkt ohne polsternde Fett- oder Muskelschicht über dem Nasenbein liegt, befinden sich sehr viele sensorische Punkte – mehr als in der Handfläche eines Menschen! Da jeder weiß, wie sensibel und feinfühlig man in der Handfläche ist, kann man erahnen, wie empfindlich der Nasenrücken ist. Tippt man einem jungen Pferd mit dem Finger auf den Nasenrücken, wird es dem Druck weichen und nicken. Drückt man hingegen mit dem Finger auf die Zunge, wirft es den Kopf hoch und versucht, den Finger auszuspucken. Es „geht dagegen" – es wehrt sich.

Öffnet ein mit Kappzaum gezäumtes Pferd das Maul, entsteht über den Unterkiefer Druck auf den Kinnriemen, der über das Kappzaumeisen auf den empfindlichen Nasenrücken weitergeleitet wird. Dieser Druck ist für Pferde unangenehm. Schließt das Pferd das Maul wieder, fällt dieser unangenehme Druck weg. Das Pferd wird in der Konsequenz vom Aufsperren des Mauls abgehalten. Der Nasenriemen arbeitet also selbsttätig – das funktioniert aber nur, wenn der Kappzaum nicht zu fest zugeschnürt ist.

Übrigens: Wird das Kappzaumeisen oder auch der Nasenriemen des Reithalfters mit Fell überzogen, nimmt das dem Pferd die Sicht auf den Teil des Weges direkt vor seiner Nase. Im Interesse des Pferdes ist das zu vermeiden.

GAUMEN

Der Gaumen, quasi die obere Seite der Maulhöhle, besteht nur aus einem dünnen, durchscheinenden Knochen, der mit Schleimhaut bedeckt ist. Auf den Gaumen sollte eigentlich kein Druck ausgeübt werden. Bei Verwendung von zu langen einfach gebrochenen Trensengebissen kann es sein, dass das Gelenk gegen den Gaumen drückt. Ebenso kann dies bei Stangengebissen mit sehr hoher Zungenfreiheit vorkommen. Bei falscher Reitweise und grober Handeinwirkung kann es sogar passieren, dass dieses dünne knöcherne Gaumendach zerbrochen wird! In sehr guten Händen drücken Gaumendrücker gegen den Gaumen, ohne Schaden anzurichten. Sie werden in Spanien, Portugal und beim Westernreiten verwendet.

Der „Gaumendrücker mit Olive" ist in Spanien und Portugal ein allgemein übliches Gebiss und in jedem Reitsportgeschäft käuflich zu erwerben. Beim Westernreiten verwendet man das „Spade Bit". Bei manchen „Problempferden" können Gaumendrücker in *hochqualifizierten* Händen helfen. Es handelt sich hier um eine Einwirkung im Gramm- und Millimeterbereich, setzt also eine sehr einfühlsame Hand voraus! Allerdings sind die Gaumendrücker nur bei einem von tausend Fällen unterstützend notwendig. Weil jedoch in unkundigen Händen sehr großer Schaden angerichtet werden kann und viele Reiter ihr Können aus Unwissenheit deutlich überschätzen, möchte ich von der Nutzung des Gaumendrückers entschieden abraten.

Klassische Arbeit
AM KAPPZAUM

MAULWINKEL

Trensengebisse drücken leicht gegen den Maulwinkel. Mehr als eine leichte Falte sollte dabei aber nicht entstehen.

Vorsicht ist geboten bei Aufziehtrensen, ihre Wirkung ist sehr scharf. Bei einem Zügelanzug gleitet das Gebiss am rundgenähten Backenstück nach oben und zieht auch den Maulwinkel hoch! Aufziehtrensen sollten immer mit zwei Zügelpaaren verwendet werden, eines direkt an den Trensenringen, das andere an den rundgenähten Backenstücken. Nur wenn das Pferd auf den Zügelanzug am direkten Zügel (Trensenringe) nicht reagiert, darf die Aufziehfunktion (Zügel am Backenstück) aktiviert werden. Meist verbessert sinnvolles Gymnastizieren die Rittigkeit und Aufziehtrensen werden unnötig.

Tierschutzrelevant ist die Einschnallung der Longe durch den inneren Trensenring über das Genick in den äußeren Trensenring. Dieser wirkt dann wie eine Aufziehtrense, also äußerst scharf!

ZUNGE

Die Zunge liegt zwischen den Unterkieferästen und bedeckt die Laden. Sie fungiert bei der Verwendung eines Gebisses praktisch als Stoßdämpfer. Das heißt aber nicht, dass sie viel Druck verträgt. Sie ist ein sehr empfindlicher Muskel, der gut durchblutet werden möchte. Läuft eine Zunge blau an, ist das nicht mehr der Fall und der Druck auf dem Gebiss war deutlich zu stark! Mit dem Gebiss werden feine Hilfen auf die Zunge übertragen. Wirken Zügelhilfen zu fest und zu lange, wird die Zunge desensibilisiert. Es können Verletzungen im Maul entstehen, die wiederum zu Abwehrreaktionen des Pferdes führen. Dazu gehören Zungenfehler, Hochziehen der Zunge, Kopfschlagen oder Knirschen mit den Zähnen.

Viele Reiter vergessen bei der Einwirkung über Trensen- oder Stangengebiss den Vergleich mit der eigenen Zunge. Die Pferdezunge ist nicht weniger sensibel als unsere.

LADEN

Die Laden sind der zahnlose Teil des Unterkiefers zwischen den Schneidezähnen, eventuellen Hengstzähnen und den Backenzähnen.

Sie sind meist schmal zulaufend und von einer dünnen Knochenhaut bedeckt. Diese ist von vielen Nerven durchzogen, also sehr empfindlich. Bei Quetschungen können Überbeine entstehen. Die Beschaffenheit der Ladenoberfläche ist unterschiedlich – von Pferd zu Pferd und zwischen linker und rechter Lade. So sind manche Laden bis zu zwei Millimeter breit, andere laufen scharfkantig zu, fast wie die Rückseite eines Messers. Die Einwirkungen über die Hand fallen also unterschiedlich aus. Der Reiter muss sofort nachgeben, sobald das Pferd die gewünschte Reaktion auch nur andeutet.

Zu beachten ist dabei auch, dass auch Reiter Rechts- oder Linkshänder sind. So ist der Rechtshänder meist in seiner rechten Hand zwar stärker, zugleich jedoch gefühlvoller. Kommt es bei einem Zügelanzug also zu einer Reaktion des Pferdes, gibt der Reiter sofort nach. Aus diesem Grund sollte bei Verwendung einer einfach gebrochenen Trense der längere Teil des Mundstücks (längerer Kraftarm) bei

ANATOMIE UND DRUCKPUNKTE

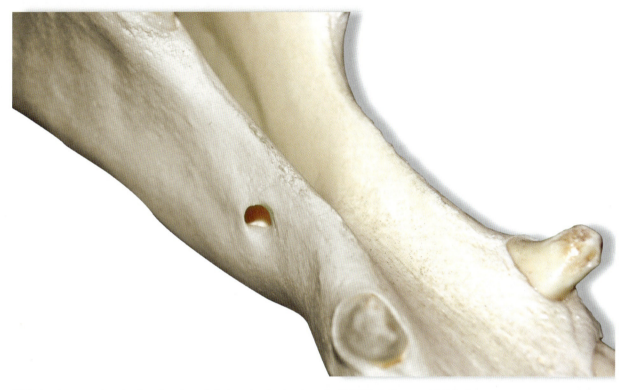

Die Laden können sehr scharfkantig sein und sind somit sehr druckempfindlich! (Foto: Desmond O´Brien)

einem Rechtshänder rechts eingeschnallt werden. Wird er links eingeschnallt, kann es vorkommen, dass die linke Hand zu langsam nachgibt und durch den längeren Kraftarm des Gebisses zu lange Druck auf Lade und Zunge ausübt und sie desensibilisiert.

KINNGRUBE

Öffnet das Pferd das Maul, drückt es gegen Kinnriemen oder Kinnkette. Der Druck vom Kinnriemen wird auf den Nasenriemen weitergeleitet und richtet sich auch gegen die Unterkieferäste. Kann das Pferd das Maul schließen und dabei den Druck verringern, wird es sehr schnell lernen, bei geschlossenem Maul zu kauen.

Ist der Druck durch einen permanent zu eng verschnallten Kinnriemen zu hoch, wird es sich wehren und den Unterkiefer verspannen. Diese Spannung setzt sich durch den ganzen Pferdekörper hindurch fort und hindert das Pferd daran, sein Becken in der gewünschten Weise abzukippen – es bleibt mit der Hinterhand „draußen". Das Abkippen des Beckens, die damit verbundene Hankenbeugung und die daraus resultierende Absenkung der Kruppe ist für die Versammlung, Ziel jedes gesunderhaltenden Reitens, wiederum unerlässlich.

(Foto: Neddens Tierfotografie)

Klassische Arbeit
AM KAPPZAUM

MÖGLICHKEITEN
der Verschnallung

Der Kappzaum kann allein oder in Kombination mit anderen Zäumungen verwendet werden.

Exkurs: Wirkungsweise des Reithalfters

Manche Pferde versuchen ihr Maul beim Reiten „aufzusperren". Meist geht das auf ein Missverständnis zwischen Pferd und Reiter zurück oder auf eine negative Erfahrung mit groben Zügelhilfen. Der Mensch hat herausgefunden, dass er dieses Aufsperren unterbinden kann, indem er einen Riemen ums Pferdemaul bindet. Er arbeitet selbsttätig, also unabhängig vom Reiter. Das funktioniert aber nur, wenn er nicht permanent drückt. Je weiter unten er am Unterkiefer angebracht ist, desto effizienter wirkt er. Diese Vorrichtungen nennt man „Reithalfter". Wichtig: Das Pferd darf zwar am „Sperren" gehindert werden, nie aber am Kauen! Werden Reithalfter sehr eng verschnallt, ist das für das Pferd unangenehm bis schmerzhaft, was sich natürlich auch negativ auf seine Motivation auswirkt. Außerdem wird dann der Unterkiefer blockiert. Diese Blockade setzt sich bis ins Becken des Pferdes fort und hemmt die Bewegung der Hinterbeine.

MÖGLICHKEITEN DER VERSCHNALLUNG

Vier Finger oberhalb des Nüsternrands kommt der Nasenriemen zu liegen. (Foto: Neddens Tierfotografie)

HANNOVERSCHER REITHALFTER

Der hannoversche Reithalfter verhindert das (Auf-)Sperren des Mauls, muss aber das Kauen erlauben. Öffnet das Pferd das Maul, so entsteht ein Druck am Kinnriemen. Dieser Druck wird über Kinn- und Nasenriemen auf den Nasenrücken umgeleitet. Schließt das Pferd das Maul, so lässt der Druck nach. Nach einigen Versuchen findet das Pferd heraus, dass es angenehmer ist, wenn es das Maul nicht aufsperrt.

Der untere Rand des Nasenriemens wird vier Finger breit oberhalb des oberen Nüsternrandes verschnallt. Es sollten eineinhalb bis zwei aufgestellte Finger zwischen Riemen und Knochen Platz finden. Achten Sie darauf, dass der Nasenriemen noch auf dem knöchernen Teil des Nasenrückens aufliegt. Liegt er zu tief, drückt er auf die Knorpelspange über den Nüstern, behindert das Atmen und kann zu irreparablen Schäden führen. Druckpunkte des hannoverschen Reithalfters sind Nasenrücken und Kinngrube.

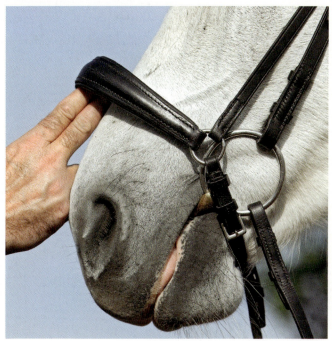

Zwei aufgestellte Finger Raum sollten zwischen Nasenbein und Nasenriemen sein. (Foto: Neddens Tierfotografie)

Klassische Arbeit
AM KAPPZAUM

Zwei Finger sollten zwischen Nasenriemen und Jochbeinleiste passen.

ENGLISCHER REITHALFTER

Die Druckpunkte dieses Modells sind der Nasenrücken und der Unterkiefer. Der englische Reithalfter verhindert das seitliche Verschieben des Unterkiefers. Da die Zähne im Oberkiefer seitlich nach außen versetzt sind, drückt beim Verschieben des Kiefers die Kante der Zähne gegen den Nasenriemen – die Backenschleimhaut wird gequetscht. Viele Pferde haben an dieser Stelle durch zu enge Verschnallung Narben in der Backenschleimhaut. Das kann leicht durch den Pferdezahnarzt kontrolliert werden.

Der obere Rand des Nasenriemens wird zwei Fingerbreit unterhalb der Jochbeinleiste verschnallt. Zwischen Nasenriemen und Unterkieferknochen sollte ein Finger Platz finden. Auch der englische Reithalfter muss das Kauen erlauben!

Da der Drehpunkt des Unterkiefers das Kiefergelenk ist, muss der Abstand zwischen Riemen und Unterkieferknochen größer werden, je weiter der Riemen vom Gelenk entfernt ist.

ANDERE REITHALFTER

Andere Reithalfter wie „Englisch kombiniert", „Mexikanisch", „Bügelreithalfter" und so weiter sind Variationen der beiden oben genannten und können mehr oder weniger Druckpunkte aufweisen. Eigentlich sollten Umlaufriemen und Backenstück

Ein Finger Platz muss zwischen Nasenrücken und Nasenriemen sein. (Fotos: Neddens Tierfotografie)

MÖGLICHKEITEN DER VERSCHNALLUNG

Hannoversch verschnallter Kappzaum.
(Foto: Neddens Tierfotografie)

des Reithalfters immer knapp hinter der Jochbeinkante verlaufen. Verlaufen sie über die vordere Kante der Jochbeinleiste, so ist zu bedenken, dass dort Druck entsteht, wenn das Pferd kaut.

Kappzaum pur

Der Kappzaum ist der direkte Vorläufer des hannoverschen Reithalfters, er wird daher auch wie ein solcher verschnallt: Die Unterkante des Kappzaumeisens liegt also vier Fingerbreit oberhalb des oberen Nüsternrands.

Kappzaum und Trense

Verwendet werden kann ein Wischzaum, also das Kopfgestell eines Trensenzaums ohne Reithalfter, oder aber ein kompletter Trensenzaum (mit Reithalfter). Wird nur ein Wischzaum verwendet, so wird das Kappzaumeisen in der Höhe verschnallt, in der der Nasenriemen des Reithalfters zu liegen kommen würde. Ein Kappzaum ist in der Regel ein „Überleg- und-Unterschnall"-Kappzaum. Das heißt, wenn er in Verbindung mit einem Zaum verwendet wird, so wird sein Umlaufriemen über den Genickriemen des Zaums gelegt, der Ganaschenriemen verläuft dann unterhalb der Backenstücke.

Englisch verschnallter Kappzaum. (Foto: Neddens Tierfotografie)

Folgende Seite: Der Fuchs trägt einen kompletten Trensenzaum, der Schimmel einen Wischzaum. (Foto: Neddens Tierfotografie)

Klassische Arbeit
AM KAPPZAUM

Ein Kappzaum wird in der Regel als Überleg-und-Unterschnall-Kappzaum verwendet. (Foto: Neddens Tierfotografie)

So können sich die Backenstücke bei einem Zügelanzug bewegen.

Der Ganaschenriemen wird am unteren Ende der Ganasche verschnallt und verhindert ein Verdrehen des Kappzaums, damit zu keiner Zeit ein Riemen auf das äußere Auge des Pferdes drückt.

VERWENDUNG EINES HANNOVERSCHEN REITHALFTERS

Das Kappzaumeisen kommt bei dieser Kombination auf dem Nasenriemen des hannoverschen Reithalfters zu liegen. Der Kinnriemen wird unterhalb des Gebisses verschnallt, sodass er bei einem Zügelanzug das Trensengebiss nicht behindert. Er wird nur so fest verschnallt, dass sich das Kappzaumeisen nicht verdreht, das Pferd aber noch kauen kann.

Danach wird der Ganaschenriemen am unteren Ende der Ganaschen so verschnallt, dass bei einem seitlichen Zug (etwa beim Longieren, Führen oder bei der Handarbeit) weder der Umlaufriemen noch die Schnalle des Backenstücks das äußere Auge verletzt.

VERWENDUNG EINES ENGLISCHEN REITHALFTERS

Bei Pferden mit einer sehr kurzen Maulspalte (wie Lipizzaner, PRE, Lusitano, Araber, Friese, Haflinger und verschiedene Ponyrassen) kann es sein, dass es nicht möglich ist, den Kinnriemen unterhalb des Gebisses zu verschnallen. Da bei einem Zügelanzug das Gebiss nach oben gedrückt wird, würde nun zu viel Druck auf die Maulwinkel entstehen. Dann ist es besser, den Kappzaum „englisch" zu verschnallen. Die obere Kante des Kappzaumeisens kommt zwei Fingerbreit unterhalb der Jochbeinleiste zu liegen. Es ist darauf zu achten, dass bei Anstellen des Gebisses (Zügel, Ausbindezügel) die entstehende Falte im Maulwinkel nicht durch den darüber liegenden Kinnriemen gequetscht wird.

Da die Schnalle des Backenstücks korrekterweise in der Höhe des hinteren Augenwinkels zu liegen kommen sollte, müsste das Backenstück bei einer

MÖGLICHKEITEN DER VERSCHNALLUNG

Manche Hersteller bieten Kappzäume an, in die sich die Trense direkt einschnallen lässt. (Foto: Neddens Tierfotografie)

hannoverschen Verschnallung länger, bei der englischen kürzer sein. (Sattler sind übrigens in der Lage, Zäume auf Maß zu fertigen.)

Manche Hersteller bieten den Kappzaum in einer Ausführung an, die es erlaubt, das Trensengebiss einzuschnallen, sei es mit einer Schnallstrippe am Backenstück, einem zusätzlichen Backenstück oder einem zusätzlichen Umlauffriemen. So braucht man nicht zwei Zäume übereinanderzulegen.

Diese Art Kappzaum wird gern bei ausgebildeten Longenpferden verwendet: ohne Gebiss bei der Sitzlonge (auch wenn es im Leichten Sitz über niedrige Sprünge geht), mit Gebiss bei Verwendung von Ausbindezügeln und wenn der Schüler mit dem Gebrauch der Trensenzügel vertraut gemacht wird.

Kappzaum und Stangenzaum (Kandarenzaum)

In Spanien, Portugal, der Camargue und in Kalifornien wird das junge Pferd maulschonend am Kappzaum angeritten. Anstelle eines ungebrochenen Gebisses (Trensengebiss) wird dann zusätzlich ein ungebrochenes Hebelgebiss (Stangengebiss) verwendet. Zuerst wird vorwiegend mit den Kappzaumzügeln gearbeitet, dann erfolgt langsam die Umstellung auf die Stangenzügel. In diesem Fall wird der Kappzaum „englisch" verschnallt, um die Wirkungsweise der Stange nicht einzuschränken.

Kappzaum und Kandare: Diese Verschnallung wird zum Führen verwendet. Fürs Reiten müsste der Kappzaum auf Höhe des Nasenriemens des Reithalfters verlaufen. (Foto: Neddens Tierfotografie)

Klassische Arbeit
AM KAPPZAUM

VERWENDUNG
des Kappzaums am Boden

Der Kappzaum wird zum Führen, zum Longieren des jungen Pferdes, bei der Sitzschulung des jungen Reiters und bei der Arbeit an der Hand verwendet. Vor allem beim Anpiaffieren, dem Verbessern der Piaffe und beim Erarbeiten der Schulsprünge (Levade, Kapriole, Courbette) leistet er seit Jahrhunderten gute Dienste. Er findet aber auch Verwendung beim Anreiten und bei der Umstellung von Kappzaum auf Gebiss. In manchen Gegenden wird er generell zum Reiten benutzt. Ebenso kann er nach Maulverletzungen und in der Rehabilitation eingesetzt werden.

Die Einwirkung mit dem Führzügel oder der Longe kommt unmittelbar auf dem Nasenrücken des Pferdes an. Das erleichtert die Kontrolle der Gangart, des Tempos und des Wendens. Der Kappzaum hilft auch beim Disziplinieren, Lösen, Parieren, Stellen, Biegen und Aufrichten.

Wirkung

Der Kappzaum wirkt auf den knöchernen Teil des Nasenrückens. Im Idealfall weicht das Pferd dem Druck auf der Nase und gibt nach. Aus diesem Grunde sollte man am Kappzaum nie ins Ziehen kommen.

Findet das Pferd erst heraus, wie stark es ist, kann es den Menschen einfach hinter sich herziehen (wie man leider immer wieder beobachten kann). Das heißt, die kurzen Paraden müssen von einer sofort nachgebenden Hand begleitet werden. Unterstützt werden sie durch die Körpersprache des Menschen.

Bevor wir mit der Arbeit beginnen

KÖRPERSPRACHE

Da Pferde in Herden leben, in denen eine Rangordnung herrscht, lernen sie vom Fohlenalter an, andere Herdenmitglieder zu beobachten, sie zu „lesen". Das bedeutet, dass das Pferd unsere Körpersprache intuitiv versteht. Wir hingegen müssen die richtige Körpersprache beim Umgang mit Pferden erst lernen. Zu den wichtigen Vokabeln gehören das gesamte Auftreten, die Haltung, die Körperspannung, die Art und Weise, wie wir Gesten und Stimme einsetzen. Oft ist angeblicher „Ungehorsam" des Pferdes nichts anderes als ein Missverständnis, weil der Mensch nicht die richtigen Signale sendet.

Am einfachsten lernt man die Sprache der Pferde zu verstehen, wenn man ihnen auf der Koppel zusieht. Die Palette der Ausdrucksmöglichkeiten reicht von recht eindeutigem Beißen und Schlagen bis hin zu einem leisen Andeuten des „Ohrenanlegens". Wir Menschen haben, aus der Sicht des Pferdes, unsere Ohren immer angelegt. Das kann schon das erste Missverständnis sein.

Ich helfe meinen Schülern immer wieder beim Führen, der Arbeit an der Longe, der Doppellonge, dem Langen Zügel oder bei der Handarbeit. Es ist oft erstaunlich, was Pferdebesitzer mit ihrem Körper dem Pferd unbewusst mitteilen. Manchmal wundert es mich, dass sich die Pferde überhaupt von ihren Besitzern führen lassen. Meist genügt es, wenn man die Besitzer auf missverständliche Signale anspricht oder ihnen zeigt, welches Auftreten den Unterschied macht. Es ist eigentlich einfach – man muss sich aber ins Pferd hineinversetzen und bewusst mit seinem Körper umgehen können.

Beispiel: Eine Reitlehrerkollegin wollte, dass ich ihr bei der „Bodenarbeit" helfe. Ich sah zu, wie sie ihr Pferd von der Koppel holte – ziemlich umständlich und ohne eindeutige Signale an das Pferd. Also übernahm ich das mir unbekannte Pferd und marschierte wieder in die Koppel. Ich drehte eine kleine Runde, ging zum Ausgang, blieb vor dem Tor (E-Zaun) stehen und richtete das Pferd rückwärts. Dann öffnete ich den E-Zaun, ging durch das Tor, drehte dahinter das Pferd um die Vorhand um, schloss das Tor und drehte das Pferd nach rechts, von mir weg (wie man korrekt ein Pferd umdreht).

Der Kollegin sagte ich dann: „Schau, das war Losgehen, Führen, Parieren, Halten, Rückwärtsrichten, Wendung um die Vorhand und Wendung um die Hinterhand." Und das alles beim alltäglichen Holen von der Koppel – also noch bevor man mit dem Pferd „arbeitet". Sie war ganz erstaunt und meinte, dass sie das so noch nie gesehen und sich auch keine Gedanken darüber gemacht habe. Ich unterrichte also keine „Bodenarbeit". Für mich ist das keine eigene Disziplin, sondern fällt unter „Umgang mit dem Pferd". Mein Opa war Bauer und hat mit Pferden gearbeitet: fahren, pflügen, eggen, säen, Ernte einbringen, Holzrücken (alleine). Er nannte das immer nur „Umgang mit dem Pferd".

Klassische Arbeit
AM KAPPZAUM

Ich gehe außen und treibe etwas. Schon entsteht ein Schulterherein links auf der rechten Hand.

Nach einigen Wiederholungen gelingt das Schulterherein links auf der linken Hand. (Fotos: Neddens Tierfotografie)

Wenn es dabei Probleme gibt, wird die Pferdearbeit gefährlich für den Menschen. Gehen Sie also sehr bewusst mit Ihrem Pferd um. Wir Menschen achten im „Umgang" mit anderen Menschen auch darauf, wie das gesprochene Wort oder unsere Gestik beim Gegenüber ankommt. Dasselbe müssen wir bei unserem Pferd tun.

Noch ein Beispiel zu diesem Thema: Oft zeigen mir Schüler, wie sie ihr Pferd an der Hand ins Schulterherein richten. Die „richtige Technik" haben sie meist gegen ein beachtliches Entgelt bei einem Bodenarbeitskurs gelernt. Leider sehe ich dann keine feinen, fürs Pferd logischen Hilfen, sondern ein Wirrwarr an Informationen: vorne halten und ziehen, hinten touchieren.

Ich übernehme dann das Pferd und lasse es neben mir am durchhängenden Strick gehen. Dann trete ich auf der linken Körperseite des Pferdes auf den Hufschlag, rechte Hand. Ich gehe also außen. Nach einigen Metern lasse ich das Pferd weiter vorausgehen, indem ich den Strick einfach durch die Hand rutschen lasse und mit Zungenschlag etwas treibe. Wenn mich das Pferd fast ganz überholt hat, lass ich es mit dem Kopf näher zur Bande gehen. Da es mich nicht einklemmen will, biegt es sich und geht im Schulterherein links. Nach einigen Wiederholungen gelingt das auch auf der richtigen Hand (linke Hand – Schulterherein links). Meine Schüler sind dann immer sprachlos. Ich glaube aber nicht, dass das mit meinem besonderen Können zu tun hat, dafür mit logischem Denken.

So sehr wir uns bemühen, exaktes „Pferdisch" können wir nicht lernen. Dennoch hilft es unseren Pferden sehr, wenn wir klare, präzise Signale senden und unseren Körper im Griff haben: Eine aufrechte Haltung und eine gewisse Körperspannung reichen meist schon, um für das Pferd eine zu beachtende Präsenz darzustellen. Versuchen Sie beim Koppelabtrieb zu helfen oder Ihr Pferd in der Halle laufen zu lassen. Sie werden sehen, wie fein und wie schnell Pferde auf ihre Körpersprache reagieren und wie schnell Sie den Umgang mit Ihrer Körpersprache lernen werden. Gerade der Umgang mit Hengsten verlangt eine permanente Konzentration auf die eigene Körpersprache. Dies wird einem im Laufe der Zeit jedoch zur zweiten Natur, man denkt nicht mehr darüber nach.

AUSATMEN!

Bevor wir mit Pferden arbeiten – ob nun am Kappzaum oder nicht –, sollten wir bedenken, dass ein Pferd sowohl ein Flucht- als auch ein Lauftier ist. Kommt einem Pferd etwas sonderbar vor, wird es versuchen zu flüchten. Das wird schnell unangenehm für den Menschen am anderen Ende des Führstricks oder des Zügels. Es ist also wichtig, dass das Pferd seiner Bezugsperson vertraut. Ist diese Bezugsperson nervös, ängstlich oder unsicher, wird das auf das Pferd abfärben. Das Pferd spiegelt den Menschen, auch wenn es nicht jedem Pferdebesitzer oder Reiter leichtfällt, diese Wahrheit zu akzeptieren. Pferde können uns einfach hervorragend lesen. Und was macht ein Mensch instinktiv, wenn Gefahr droht? Er atmet ein. Das Pferd reagiert auf dieses Einatmen instinktiv mit Nervosität oder gar Flucht. Im Umkehrschluss ist es hilfreich, wenn ein Reiter bewusst ausatmet, um seine Körperspannung runterzufahren, das Pferd damit zu beruhigen und ihm zu zeigen, dass alles in Ordnung ist. Gute Reiter tun das beinahe reflexartig. Ein Beispiel: Ich stand in einer Gruppe, auf den Bus wartend – in der Nähe fiel etwas polternd zu Boden – die meisten Menschen in der Gruppe atmeten hörbar ein und drehten sich der Lärmquelle zu.

Der Herr neben mir drehte sich zwar auch in diese Richtung, atmete aber tief aus. Ich fragte ihn, ob er reite. „Ja, warum?" Manche Reflexe sind eben für einen „Menschen" wichtig, für einen „Reiter" jedoch kontraproduktiv.

Klassische Arbeit
AM KAPPZAUM

INNERE BILDER

Spricht oder denkt ein Mensch, entstehen in seinem Kopf Bilder. Glauben Sie es oder nicht, aber Pferde können diese Bilder lesen. Sie werden diese Erfahrung früher oder später selbst machen. Aus diesem Grund sollte man immer positiv denken. (Das bezieht sich übrigens auch auf das eigene Leben und die Erziehung der Kinder. Man nennt dieses Phänomen „die sich selbst erfüllende Prophezeiung".) Oft ist es so, dass sich der Reitlehrer, der Pferd und Reiter zusieht, entschließt, die beiden zum Beispiel in eine andere Gangart wechseln zu lassen – und das Pferd wechselt plötzlich, es folgt dem inneren Bild des Lehrers.

Innere Bilder sollten wir nutzen. Manchmal ist es schwierig, die eigene Muskelspannung zu verändern. Ist es bei der Muskulatur der Gliedmaßen relativ leicht umsetzbar, so sind die Muskelgruppen um die Wirbelsäule sehr schwer bewusst anzusteuern. Bei zu wenig Muskelspannung sage ich gern: „Stell dir vor, deine böse Schwiegermutter kommt drei Wochen zu Besuch." Oder, noch schlimmer: „Du bist auf dem Weg zum Gynäkologen. Er ist 70 Jahre alt, Kettenraucher und hat ganz gelbe Finger!" Hilft garantiert. Bei zu hoher Muskelspannung nützt es, im Geiste die Schwiegermutter wieder nach Hause fahren zu lassen. Sammeln Sie negative und positive Bilder aus dem täglichen Leben und speichern Sie sie mit den dazugehörigen Gefühlen. Wichtig: „Nein" und „nicht" haben kein Bild. Deshalb führt mancher wohlmeinende Rat im Anfängerunterricht zu Panik: „Mach dir keine Sorgen, du brauchst keine Angst zu haben, es kann dir nichts passieren." „Sorgen", „Angst", „passieren" innerhalb von drei Sekunden – na, wenn das nicht beruhigend ist. Diese drei Wörter können ganz leicht durch positive ersetzt werden (Angst durch „Un-*sicher*" etwa). Achten Sie in Ihrem Umfeld auf solche Anweisungen und beobachten Sie die dazugehörige Reaktion. Ein Selbstversuch: „Denken Sie bitte *nicht* an einen rosa Elefanten." Na, wie sieht er aus?

STIMMHILFEN

Die Stimme leistet gute Dienste in der Pferdeausbildung. Pferde reagieren auf den Tonfall und auf die Stimmlage. So kann ein Pferd durch eine ruhige Stimme in einer tieferen Tonlage beruhigt werden; erhobene Stimme und „schärfere" Aussprache werden es aufmerksam machen und treibend wirken.

HILFSMITTEL

Longe, Peitsche, Touchiergerte und Führstrick: Diese Hilfsmittel sind eigentlich nur eine Verlängerung der menschlichen Hand. Sie unterstützen somit unsere Körpersprache. Der Umgang mit der Peitsche oder dem Strick sollte erlernt und geübt werden, bevor man mit einem Pferd arbeitet. So können Missverständnisse vermieden werden.

Führen am Kappzaum

Werden die Hengste an der „Spanischen" vom Stall in die Reitbahn gebracht oder von dort geholt, so wird immer der Kappzaum verwendet. Wenn mehrere Hengste in einer Gruppe geführt werden, kann es schon mal vorkommen, dass ein Junghengst

VERWENDUNG DES KAPPZAUMS AM BODEN

übermütig wird. Oder dass ein älterer Hengst auf seine Privatsphäre besteht, wenn ein anderer ihm zu nahe kommt. Korrigiert wird das meist durch eine kurze Parade am Führzügel; so wird gewährleistet, dass das Maul keinen Schaden nimmt.

Der Kappzaum ist also ganz einfach Bestandteil des Alltags der Hengste. Dieser selbstverständliche Umgang mit dem Zaum beim Führen bildet die Grundlage für das Longieren und wird die zukünftige Arbeit an der Hand erleichtern. Das junge Pferd lernt jetzt schon, den leichten Zügelanzug zu akzeptieren und ihm zu gehorchen. Durch die Körpersprache des Menschen werden diese „Hilfen" noch verdeutlicht – sie können also immer dezenter gegeben werden. Jedem Zügelanzug (Parade) hat ein sofortiges Nachgeben zu folgen – an einem Kappzaum sollte man, wie bereits erwähnt, nie ziehen!

FÜHRPOSITIONEN

Es gibt viele Möglichkeiten, ein Pferd zu führen. Manche Reiter bestehen darauf, dass ihr Pferd hinter ihnen her geht. Dies setzt absoluten Gehorsam voraus, was meist auf Kosten der Ausstrahlung geht. Viele dieser Pferde wirken ein wenig ausdruckslos und stumpf.

Die Hengste in Wien sollen neben dem Pfleger gehen, mehr oder weniger Kopf an Kopf. Auf diese Weise hat der Pfleger das Pferd sprichwörtlich „im Auge".

Werden zwei Hengste geführt, müssen sie ein kurzes Stück schräg hintereinander gehen. Das kann eine knifflige Situation sein. Da sich der hinten

Das Pferd wird am Kappzaum geführt, der Führzügel dafür im mittleren Ring eingeschnallt. (Foto: Desmond O'Brien)

Klassische Arbeit
AM KAPPZAUM

gehende Hengst nicht mehr im Blickfeld des Pflegers befindet, wird der Führzügel leicht angestellt.

Verringert sich die Anlehnung *(Endnote 10)* vonseiten des Pferdes, weiß der Pfleger, dass der Hengst näher kommt. Er wird einen kurzen Zügelanzug geben und damit den hinten gehenden Hengst veranlassen, wieder Distanz zu behalten.

FÜHREN BEI ZUCHTSCHAUEN

In Spanien und Portugal werden die Pferde bei den Zuchtschauen ebenfalls am Kappzaum vorgestellt, sowohl Stuten als auch Hengste. Pferde laufen losgelassener, wenn sie nicht immer im Maul gestört werden. Diese Art der Präsentation bewährt sich schon seit unzähligen Generationen! Unverständlich, dass unter anderem bei Friesenschauen Pferde auf Gebiss oder sogar an Führketten vorgestellt werden!

Auch auf Abreitplätzen und bei an der Hand vorgestellten Pferden sind immer wieder Pferdepfleger und Reiter zu beobachten, die ein aufgeregtes Pferd durch „Zügelanzüge" zu disziplinieren versuchen (oft sogar an Trensen- und Kandarenzügel gleichzeitig) – kein Wunder, wenn das Pferd sich nicht „vertrauensvoll an die Hand heranlehnt"!

Laufenlassen und Anlongieren

Seit Jahrhunderten geht man bei der korrekten Ausbildung junger Pferde schonend und langsam vor. Bevor der „Ernst des Lebens" beginnt, hat es sich daher bewährt, junge Pferde in einer eingezäunten Umgebung (Reithalle, Dressurviereck, am besten ein Round Pen oder ein Longierzirkel) mit dem Stallhalfter laufen zu lassen. In dieser Zeit können sie sich an die Körpersprache des Ausbilders, an die Stimmhilfen und die Peitsche gewöhnen. Glauben Sie also bitte nicht, das freie Laufenlassen sei umsonst: Es kommt nicht nur dem Pferd, sondern auch dem Menschen zugute. Je größer das Wissen des Ausbilders um die Kommunikation, je besser sein Umgang mit dem eigenen Körper, der Stimme und der Peitsche, desto klarer und verständlicher sind seine Anweisungen. Wir werden durch Erfahrung souverän im Umgang mit Pferden. Diese Erfahrungen müssen Sie selbst sammeln – durch häufiges Probieren und durch das Lernen aus Fehlern. Ihr Pferd zeigt Ihnen, ob Sie sich ihm verständlich machen oder nicht. All das, was Sie beim „Laufenlassen" gelernt haben, kommt Ihnen beim Longieren und beim Reiten zugute!

Ist das Laufenlassen Routine geworden, zäumt man das Jungpferd auf Kappzaum und lässt es wie gewohnt laufen. Kommt das Pferd nach dem Laufenlassen in den Stall, kann man es mit einer Handvoll Kraftfutter belohnen. Nach einigen Tagen gibt man dem Pferd, während es frisst, ein dünnes Trensengebiss zusätzlich ins Maul.

So lernt das Pferd, das Gebiss als etwas Positives zu sehen, da es immer mit etwas Angenehmem, nämlich Futter, verbunden ist. Das macht es dem Reiter leichter, das Pferd unterm Sattel ebenfalls zum Kauen zu bringen. Nun kann das Pferd mit

Oben: Zunächst lässt man das Jungpferd am Stallhalfter laufen. Unten: Hat es sich daran gewöhnt, kommt der Kappzaum hinzu.
(Fotos: Neddens Tierfotografie)

VERWENDUNG DES KAPPZAUMS AM BODEN

Klassische Arbeit
AM KAPPZAUM

Schließlich wird das Pferd mit Kappzaum und Sattel laufen gelassen. (Foto: Neddens Tierfotografie)

Trensenzaum, Kappzaum und Sattel laufen. Um es vor flatternden „Großen Taschen" (also den Sattelblättern) zu bewahren, hat es sich bewährt, einen Decken- oder Longiergurt über den Sattel zu schnallen. Gegen Ende der Einheit nimmt man das Pferd für einige Minuten an die Longe. Die Longierleine wird am Kappzaum im mittleren Ring befestigt, ein Helfer schnallt den Führzügel in den inneren Ring ein und führt das Pferd auf dem Longierzirkel. So lernt es, ruhig im Kreis zu gehen.

Mit der Zeit entfernt sich der Helfer bei ausgeschnalltem Führzügel immer weiter vom Pferd, tritt allmählich in die Mitte zum Longenführer und übernimmt die Peitsche. Auf diese Weise kann er näher zum Pferd gehen, sollte es notwendig sein, der Longeführer hingegen kann in der Mitte bleiben. Bei der Arbeit mit einer Remonte gehen beide mit dem Pferd mit, beschreiben einen kleinen Kreis und passen sich dem Pferd an. Erst später führt der Longenführer sowohl die Longe als auch die Peitsche und bleibt im Mittelpunkt des Zirkels stehen. Wenn genug Platz vorhanden ist (im Viereck oder in der Halle), ist es sinnvoll, wenn der Longenführer zwischendurch immer wieder mal ein Stück mit dem Pferd mitgeht.

Dabei lernt das Pferd, Wendungen zu beschreiben, was sich beim Anreiten als nützlich erweist.

Longieren

Warum longiert man ein Pferd überhaupt? Das kann viele Gründe haben. Einen besonders wichtigen Stellenwert hat das Longieren in der Jungpferdeausbildung. Korrektes Longieren fördert Kondition und Balance und hilft dabei, das Pferd an das Reitergewicht und die Hilfen zu gewöhnen.

LONGIEREN IN DER JUNGPFERDEAUSBILDUNG

Die meisten Pferdebesitzer möchten ja früher oder später auf ihrem Pferd reiten. Wenn möglich, in allen Gangarten. Das setzt gewisse Fähigkeiten des Pferdes voraus, die es zu erarbeiten gilt:

1.) Das Pferd muss die *Hilfen des Longenführers* kennenlernen. Es hat sich bewährt, dass das Pferd beim Anreiten von einem Longenführer vom Boden aus kontrolliert wird. Dazu muss es auf Körpersprache, Stimme, Longe und Peitsche reagieren. Das dient nicht nur dazu, den *Gehorsam zu verbessern*, sondern fördert

2.) die *Gymnastizierung* durch die verschiedenen Grundgangarten, Tempiwechsel, Übergänge und erste Bahnfiguren wie Zirkel verkleinern, Zirkel vergrößern, Volten und Handwechsel. Je sicherer das Pferd an der Longe reagiert, desto leichter kann der Longenführer beim Arbeiten auf der ganzen Bahn den Reiter unterstützen. Ist die Longe weiterhin im mittleren Ring des Kappzaums eingeschnallt, kann der Longenführer jederzeit einen Handwechsel verlangen. Durch die Gymnastizierung an der Longe wird die Remonte in die Lage versetzt, das zusätzliche Gewicht des Reiters zu tragen. Ohne diese Vorbereitung geht es nicht, da die Rückenmuskulatur eine Bewegungsmuskulatur ist und nicht zum Tragen geschaffen wurde. Das Pferd muss seine Muskeln anders einsetzen als bisher, um das Reitergewicht schadlos tragen zu können.

3.) *Das Vertrautmachen mit dem Reitergewicht.* Der Schwerpunkt des Pferdes befindet sich normalerweise im Pferdekörper. Nun befindet sich der Reiter jedoch hoch über dem Pferd – dadurch verlagert sich der gemeinsame Schwerpunkt (Eltern, die ihre Kleinkinder auf den Schultern tragen, wissen, wovon ich spreche). Der Schwerpunkt des Pferd-Reiter-Paars kann sich im Extremfall sogar außerhalb des Pferdekörpers befinden, was dem Pferd die Bewegung deutlich erschwert. *(Endnote 11)* Nach einigen Wochen setzt sich also ein leichter Reiter für einige wenige Minuten auf das Pferd, das geführt wird und später unter dem Reiter an der Longe geht. Die Auswirkungen des Reitergewichts auf das Jungpferd sollte man nicht unterschätzen. Es kann sein, dass für die junge Remonte drei Minuten anfangs schon lang genug sind. In der Zeit des Anreitens bedient sich der Reiter des „Remontesitzes".

Klassische Arbeit
AM KAPPZAUM

Im Remontesitz verteilt die Reiterin ihr Gewicht vermehrt auf die Oberschenkel. (Foto: Neddens Tierfotografie)

Beim „normalen Sitz" (Vollsitz) drückt das Gewicht des Reiters über das Gesäß auf den Sattel und von dort über das Sattelkissen in erster Linie auf die Rückenmuskulatur des Pferdes.

Beim „Remontesitz" kann der Reiter sein Gewicht nun auf eine größere Fläche verteilen, um es für das Pferd leichter zu machen. Dazu macht er bewusst ein wenig den Oberschenkel zu, seine Sitzbeinknochen werden einige Millimeter hochgehoben, die lange Rückenmuskulatur wird etwas entlastet, das Gewicht auf den ganzen Rippenkäfig verteilt. Das macht es dem Pferd in den ersten Wochen leichter, mit dem Reitergewicht umzugehen.

Ohne die Gesamtdauer der Longeneinheit zu verlängern (30 Minuten reichen in der Regel vollkommen), wird kontinuierlich die Anzahl der Minuten mit Reiter erhöht. Später wird das Pferd mit Reiter an der Hand auf dem Hufschlag geführt. Nach und nach vergrößert der Longenführer den Abstand zum Pferd, bis er die Longe ganz ausschnallt

VERWENDUNG DES KAPPZAUMS AM BODEN

(für das Pferd nichts Neues, beim Beginn des Anlongierens hat es diese Vorgehensweise ja schon kennengelernt). Je ausgeprägter das Vertrauen zwischen Mensch und Pferd und je besser das Pferd auf Körpersprache und Stimme reagiert, umso besser kann der Longenführer dem jungen Reiter auf die Entfernung helfen. Dies ist eine Frage der Sicherheit – für den jungen Reiter und für das Pferd. Situationen, in denen Reiter oder Pferd Angst bekommen könnten, sollten unbedingt vermieden werden. Bekommt ein Reiter Angst, klemmt er mit den Adduktoren (die Muskulatur an der Innenseite der Oberschenkel). Diese zählen zu den stärksten Muskeln des Menschen. Erzeugen sie Druck, wird der Brustkorb des Pferdes praktisch eingeklemmt. Das Fluchttier Pferd versucht, sich diesem Druck durch Weglaufen zu entziehen, woraufhin der Reiter noch mehr klemmt. Ein Teufelskreis, den es zu vermeiden gilt.

GEZIELT EINWIRKEN MIT LONGE UND KAPPZAUM

Wie beim Reiten sollte eine leichte, aber stete Verbindung zwischen Pferd und Hand des Ausbilders bestehen. Es ist Aufgabe des Longenführers, die Verbindung zwischen seiner Hand und dem Kappzaum herzustellen. Aufgabe des Pferdes ist es, diese aufrechtzuerhalten. Man nennt diese Verbindung „Anlehnung". Sie entsteht jedoch nur, wenn das Pferd vertrauensvoll an die Longe herantritt, es bringt nichts, wenn man an der Longe zieht. Der Longenführer muss bestrebt sein, sein Pferd so zu motivieren, dass es diese leichte Verbindung von sich aus erhält und damit gewährleistet, dass die Zügelhilfen „durchgehen" – das heißt, das das Pferd in der gewünschten Weise darauf reagiert.

Zum korrekten Longieren ist das Wissen um die Fußfolge des Pferdes essenziell. Ein Beispiel: Das Pferd geht Schritt. Bei jedem Schritt nickt das Pferd. Diese Nickbewegung kann vom Longenführer unterstützt und sollte nicht gestört werden. Bewegt sich das Pferd zu schnell, gibt man eine Parade auf das äußere abfußende Hinterbein. Ist der Reiter in der Lage, dieses Hinterbein zu kontrollieren, kontrolliert er das ganze Pferd. Gibt das Pferd nicht im Genick nach, wird die Parade auf das innere abfußende Hinterbein gegeben. Dieses wird dadurch mehr gebeugt, die Nickbewegung des Pferdes wird unterstützt und es kann im Genick leichter nachgeben. Um dies zu erreichen, ist es notwendig, mit der Einwirkung sehr präzise zu sein. Voraussetzung ist die leichte, stete Verbindung der Hand zum Kappzaum, denn die Zügelhilfen müssen über den Kappzaum die Nase des Pferdes zum richtigen Zeitpunkt erreichen. Dass es durchaus auf das Timing der Paraden ankommt, können Sie leicht an sich selbst ausprobieren: Wenn Sie selbst laufen, können Sie beim Abfußen das jeweilige Knie vermehrt anheben. Kurz vorm Auffußen ist es praktisch unmöglich. Probieren Sie es aus! Übrigens: Beim (An-)Longieren kann der Longenführer sich selbst beim Erkennen der Fußfolge schulen.

FUSSFOLGE ERKENNEN

Am einfachsten lernt man die Fußfolge der einzelnen Gangarten, indem man sie nachliest. Sie steht in jeder Reitlehre. Für die Praxis beobachtet man Pferde auf der Koppel, in der Reitbahn (etwa während man vor und nach dem Arbeiten eine Runde Schritt

Klassische Arbeit
AM KAPPZAUM

geht), beim Ausreiten, wenn man nebeneinander reitet, noch besser jedoch beim Longieren. Wenn man weiß, welches Bein als Nächstes abfußt, schaut man auch zum richtigen Zeitpunkt auf das richtige Bein.

Schritt: Der Schritt ist ein Viertakt, das Pferd fußt „gleichseitig ungleichzeitig". Beispiel: links hinten, links vorne, rechts hinten, rechts vorne. „Gleichseitig gleichzeitiges" Abfußen nennt man „Pass".

Trab: Der Trab ist ein Zweitakt, das Pferd fußt diagonal gleichzeitig. Beispiel: links hinten und rechts vorne gleichzeitig, Schwebephase, rechts hinten und links vorne gleichzeitig, Schwebephase.

Galopp: Der Galopp ist ein Dreitakt, das Pferd fußt außen hinten, innen hinten und außen vorne gleichzeitig, dann innen vorne, dann kommt die Schwebephase. (Im Linksgalopp also rechts hinten, links hinten und rechts vorne gleichzeitig, dann links vorne, dann Schwebephase.)

Um das Auge zu schulen, kann das Pferd je nach Gangart auch mit verschiedenfarbigen Bandagen versehen werden: Verwenden Sie im Schritt vier verschiedene Farben, für den Trab zwei Farben (je eine Diagonale in derselben Farbe) und für den Galopp drei verschiedene Farben.

Bandagieren für den Schritt: Vier verschiedene Bandagen schulen das Auge für den Viertakt. (Foto: Neddens Tierfotografie)

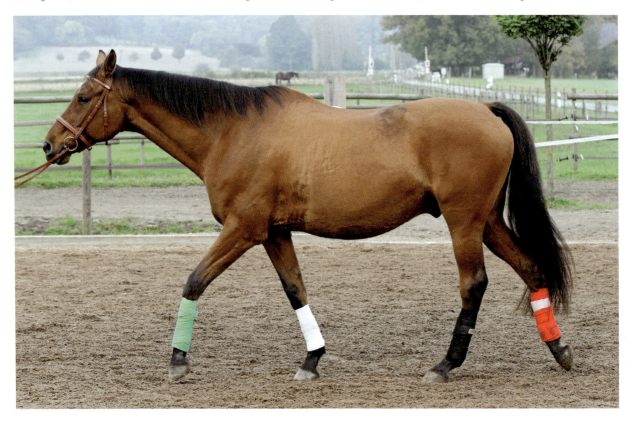

VERWENDUNG DES KAPPZAUMS AM BODEN

Für den Trab werden die diagonalen Beinpaare gleichfarbig bandagiert.

Drei verschiedenfarbige Bandagen brauchen Sie für den Galopp. (Fotos: Neddens Tierfotografie)

Klassische Arbeit
AM KAPPZAUM

Über eine verdrehte Longe kommen Paraden nicht präzise beim Pferd an. (Foto: Neddens Tierfotografie)

Hängt die Longe deutlich durch, kommen die Paraden zu spät oder gar nicht beim Pferd an. Behält das Pferd die Verbindung, erreichen die Paraden das gewünschte Hinterbein zum richtigen Zeitpunkt. Longieren ist genauso anspruchsvoll wie das Reiten selbst. Damit es gelingt, muss das Zusammenspiel zwischen Longe, Peitsche, Körpersprache und Stimme harmonieren. Wie schon erwähnt, lesen Pferde die Körpersprache des Menschen permanent. Durch Nachlässigkeit und Unwissenheit des Longenführers kann es immer wieder zu Missverständnissen kommen, da Pferde bei ungenauen Hilfen nicht in der Lage sind, die Anweisungen umzusetzen!

Bei einer ausgedrehten Longe reicht oft schon eine kleine waagerechte, wellenartige Bewegung mit der Longe, um auf das Pferd einzuwirken. Läuft diese gegen die Bewegungsrichtung des Pferdes, erzeugt sie am Kappzaum einen kurzen Druck, der die Bewegung des Pferdes verlangsamt. In die Bewegungsrichtung gegeben, kommt sie als kurzer Zug nach vorne am Kappzaum an, das Pferd erhöht das Tempo. Erfolgt zu dieser wellenartigen Bewegung ein gleichzeitiges Verlängern der Longe, wird das Pferd angeregt, den Longenkreis zu vergrößern. Die Einwirkung sollte, mit etwas Übung, genauso leicht und präzise sein wie die Zügelhilfen beim Reiten.

So sieht es aus, wenn die Schlaufen in der Sattelkammer korrekt aufgerollt wurden. (Foto: Neddens Tierfotografie)

VERWENDUNG DES KAPPZAUMS AM BODEN

Schlaufen sortieren

Hängt eine Longe korrekt aufgerollt in der Sattelkammer, müssen die Schlaufen fürs Longieren neu gelegt werden. Jede Schlaufe sollte dabei etwas kleiner als die vorhergehende und die Longe in jeder Schlaufe einmal verdreht sein. Das dient der Sicherheit für den Longenführer: falls sich das Pferd erschreckt und wegstürmt, kann er die Schlaufen einfach durch die Hand gleiten lassen. Lässt man das Pferd auf den ersten Hufschlag des Longierzirkels rausgehen, ist die Longierleine ausgedreht, es besteht eine direkte Verbindung zum Kappzaum. Beim Handwechsel ist zu beachten, dass die Schlaufen nun in der anderen Reihenfolge liegen müssen. Das klingt kompliziert, ist es aber nicht! Probieren Sie es ohne Pferd: Montieren Sie die Longe an einem Haken an der Stallwand. Entfernen Sie sich vom Stall und lassen Sie die Longe ablaufen. Die Longe muss nun ausgedreht sein. Nun rollen Sie die Longe zum Handwechsel auf – gehen Sie wieder zum Haken zurück. Nach dem (gedachten) Handwechsel muss die Longe wieder korrekt und ausgedreht in Ihrer Hand liegen. Da mir der Umgang mit der Longe gleich zu Beginn meiner Ausbildung im Alter von zwölf Jahren so gezeigt wurde und diese Technik auch an der „Spanischen" angewandt wird, kann ich mir schwer vorstellen, dass man diese Methode nicht beherrscht. Schauen Sie einmal einem Experten über die Schulter und üben Sie ein bisschen – das erleichtert das Longieren ungemein!

STÖRFAKTOR WIRBEL

Manche Kappzäume und Longen verfügen über einen Wirbel. Durch solche Wirbel dreht sich die Longe, bedingt durch die Nickbewegung des Pferdes, ein. Bei einer Parade dreht sie sich ein halbes Mal aus. Sie erreicht zwar den Wirbel, jedoch nicht den Kappzaum und damit auch nicht das Pferd. Sattler können diese Wirbel wieder entfernen. Das ist sinnvoll, um präzises Einwirken zu ermöglichen.

SO NICHT!

Wie man es *nicht* macht: Wird die Longe nur in den inneren Trensenring eingehängt, besteht die Gefahr, dass die Trense ins Maul gezogen wird. Dies ist fürs Pferd sehr unangenehm und kann zu Verletzungen führen.

Auch folgende Variante ist *nicht* zu empfehlen: Die Longe verläuft durch den inneren Trensenring über das Genick und wird in den äußeren Ring eingeschnallt – auf diese Weise wird die Trense in eine Aufziehtrense umgewandelt und wirkt stark auf die Maulwinkel. Wegen dieser äußerst scharfen Wirkung ist dringend von einer solchen Verwendung der Longe abzuraten. Bei jedem Zügelanzug werden die Maulwinkel nach oben gezogen, was dem Pferd Schmerzen zufügt. Wehrt sich das Pferd und „geht dagegen", erhöht sich der Druck. Die Longe durch den inneren Ring funktioniert dabei wie die Umlenkrolle bei einem Flaschenzug – der Druck wird vervielfacht.

Springen Pferde nun nach Fluchttiermanier nach außen weg, um dem Schmerz zu entfliehen, steigert sich der Druck ins Unermessliche, das Pferd versucht erst recht zu fliehen.

Klassische Arbeit
AM KAPPZAUM

Störfaktor Wirbel: Durch den Wirbel dreht sich die Longe bei jeder Nickbewegung ein. (Foto: Neddens Tierfotografie)

Meist lehnt sich der Longenführer noch dagegen und setzt sein ganzes Gewicht und seine Kraft ein, um das Pferd nicht wegzulassen – unvorstellbar, welche Kräfte auf das empfindliche Maul wirken!

DIE VERWENDUNG VON HILFSZÜGELN

Ein kluger Reiter hat einmal gesagt: *„Hilfszügel sind für Hilfsschüler – sei es Reiter oder Pferd."* Jeder Reiter muss selbst entscheiden, ob er Hilfszügel verwendet oder nicht. Je höher das Können des Longenführers (oder des Reiters), desto seltener wird er Hilfszügel benötigen. Hat er das Prinzip des Hilfszügels verstanden, braucht er ihn meist nicht mehr.

Im Prinzip ist es Aufgabe des Longenführers oder Reiters, das Pferd in Selbsthaltung zu bringen, nicht die des Ausbindezügels. Damit das Pferd sich selbst trägt, muss das Zusammenspiel zwischen Treiben und Parieren stimmen. Vor diesem Hintergrund helfen Hilfszügel dem Pferd tatsächlich selten und wären entbehrlich, wenn man sich in der Pferdeausbildung etwas mehr Zeit nehmen würde. Denn ist die Hinterhand des Pferdes (der Motor) aktiv, ergibt sich die gewünschte Kopf-Hals-Form von selbst, sie ist gewissermaßen ein Geschenk. Das gilt sowohl für die Arbeit am Boden als auch unter dem Sattel. Viele Reiter vertuschen mit Hilfszügeln ihr Unvermögen.

VERWENDUNG DES KAPPZAUMS AM BODEN

Können oder verstehen sie etwas nicht, probieren sie eine „Abkürzung" (Hilfszügel), ohne das wirkliche Problem zu lösen: ihr eigenes Unvermögen. Dabei müssten sie „einfach nur reiten lernen". Hilfszügel, über einen langen Zeitraum verwendet, stellen dem Reiter ein Armutszeugnis aus. Schlimmer noch: Im Falle des Unvermögens des Longenführers oder Reiters wird ein Hilfszügel zum Marterinstrument. Die meisten Reiter werden den Satz kennen: *„Der Schlaufzügel in der Hand eines ungeübten Reiters ist wie das Rasiermesser in der Hand eines Affen"*. Dies gilt für alle Hilfszügel.

Werden Hilfszügel eingesetzt, sollte dies nur über einen sehr kurzen Zeitraum geschehen. Sie können, mit Bedacht eingesetzt, als Übergangslösung fungieren. Gustav Steinbrecht sagte über Hilfszügel: *„Alle toten Vorrichtungen und Hilfszügel, also solche, die durch Festhalten oder -schnallen eine gleichförmige Wirkung äußern, schaden ohne Ausnahme mehr als sie nützen, da sie sämtlich das Maul des Pferdes verderben, denn die Einwirkungen durch das Gebiss können nur von der lebenden und feinfühlenden Hand des Reiters richtig abgewogen werden."*

AUSBINDER

Um eine Remonte an den Druck des Gebisses im Maul zu gewöhnen, können *Ausbindezügel* verwendet werden. Der leicht pendelnde Ausbinder erzeugt einen leichten wellenartigen Druck auf dem Gebiss. Dieser Druck auf die Pferdezunge sollte fürs Reiten genügen. Setzt sich später der leichte, ausbalanciert sitzende Reiter aufs Pferd, sollte er nicht mehr Gewicht in die Hand nehmen, als das Gewicht dieser pendelnden Ausbinder beträgt, sonst begünstigt er die Abstumpfung des Pferdemauls. Außerdem führt höherer Druck zu Durchblutungsstörungen der Zunge. Das Pferd wehrt sich gegen den Druck, sogenannte „Zungenfehler", Kopfschlagen, das Legen auf oder das Gehen gegen das Gebiss sind die Folge. All diese Symptome deuten auf eine „harte Hand" hin.

Bei der Verwendung von Ausbindezügeln ist zu beachten, dass ...

1.) *... sie ohne Gummiring hergestellt werden. Durch den nachgebenden Gummiring wird das Pferd verleitet, gegen das Gebiss zu gehen – es wird „maulig".*

2.) *... sie lang genug verschnallt werden, um das Pferd nicht mechanisch beizuzäumen. Sie sollten also dem Rahmen der jeweiligen Gangart angepasst werden. Möchte man nach dem Aufwärmen intensiv am Galopp arbeiten, werden die Ausbinder kürzer eingestellt, das Pferd jedoch nicht lange im Schritt gelassen, da der Rahmen im Galopp deutlich kürzer ist als im Galopp.*

Auch der Rahmen kann damit vorgegeben werden, das Pferd darf sich jedoch nicht auf den Ausbinder legen, was ein gewisses Können des Longenführers voraussetzt. Wird der Ausbinder zu kurz verschnallt, ist keine Vorwärts-abwärts-Bewegung möglich.

Klassische Arbeit
AM KAPPZAUM

DREIECKSZÜGEL

Drückt das Pferd immer wieder seinen Kopf nach oben weg, kann man ihm mit dem Dreieckszügel den Weg in die Tiefe (vorwärts-abwärts) zeigen. Dazu muss er lang genug eingestellt werden. Das Pferd darf nie hinter die Senkrechte kommen, zu kurz im Hals werden oder sich gar einrollen! Tempowechsel und Übergänge helfen dem Pferd, die Rahmenlänge zu verändern, im Genick nachzugeben und über den Rücken zu gehen. Durch das Wechselspiel in der Muskulatur zwischen Dehnung und Kontraktion löst sich das Pferd und wird sich entspannen.

Wenige Reiter machen sich klar, dass ein Dreieckszügel ein festgestellter Schlaufzügel *(Endnote 12)* ist, also mit hohen Kräften auf das Genick, das Gebiss, die Zunge und den Unterkiefer wirken kann. Er gehört nur in die Hand eines Könners.

GEZIELTER MUSKELAUFBAU AN DER LONGE

Jeder Sportler lernt, wie die Muskulatur funktioniert und wie sie aufgebaut werden kann. Durch gezielte Belastung der verschiedenen Muskelfaserarten können Kraft und Kondition verbessert werden. Da die Muskulatur nach einer Beanspruchung bis zur Belastungsgrenze eine Regenerationszeit von 48 Stunden benötigt, ergibt sich ein Zwei-Tages-Rhythmus. Trainieren Sie an einem Tag intensiv die Piaffe, sollten am folgenden Tag weniger versammelnde Übungen auf dem Programm stehen. Übt man jeden Tag dasselbe und geht an die Belastbarkeitsgrenze der Muskulatur, so wird das Ergebnis mit der Zeit immer schlechter.

Wichtig dabei ist, die Grenzen des Pferdes auszuloten und jeden Tag neu zu überprüfen. Manchmal ist es notwendig, ein oder zwei Stufen zurückzugehen, um keinen langwierigen Schaden anzurichten. Geduld ist, wie immer, hilfreich!

DIE SKALA DER AUSBILDUNG AN DER LONGE

Über die Jahrhunderte haben sich folgende Ausbildungsziele, besser bekannt als „Skala der Ausbildung", herauskristallisiert. Diese Ziele sind:

> Takt
> Losgelassenheit
> Anlehnung
> Schwung
> Geraderichtung
> und Versammlung.

Diese Reihenfolge wird nicht nur im Laufe der Ausbildung eingehalten, sondern auch in jeder einzelnen Trainingseinheit. Allerdings überschneiden sich diese Punkte, man kann also nicht einen Punkt „abarbeiten" und dann zum nächsten übergehen. Jede höhere Lektion verbessert alle Basislektionen, und jede Basislektion hat Einfluss auf die schwierigen Lektionen.

So wird zum Beispiel durch die Arbeit am versammelten Galopp auch der Mittelschritt gewinnen. Bei der Ausbildung sollte nach der Gewöhnungsphase erst die Schubkraft verbessert und daraus die Tragkraft erarbeitet werden.

Manchmal vereinigen sich in einer Lektion mehrere Aufgaben: Schulterherein ist einerseits eine lösende, andererseits eine versammelnde Übung. Dasselbe gilt auch für die Piaffe.

VERWENDUNG DES KAPPZAUMS AM BODEN

Die Hengste an der „Spanischen" werden bei der Vorführung vor dem Einreiten in die Winterreitschule kurz anpiaffiert.

Dabei kann der Bereiter das Pferd lösen und gleichzeitig feststellen, wie es um seine Motivation bestellt ist. Da diese Pferde jahrelang regelmäßig gymnastiziert wurden, ist ein Lösen über die Piaffe möglich.

Sie werden in der Regel mindestens acht Jahre ausgebildet, bevor sie dieses Niveau in der Vorführung zeigen, das sie dann allerdings auch zehn bis 15 Jahre lang halten. Vergleichbar ist dieses Aufwärmprogramm mit dem eines Sportlers, der vorm Wettbewerb einige wenige gezielte Übungen absolviert, sich jedoch nicht in einem 5000-Meter-Lauf verausgabt. Die meisten Punkte der Ausbildungsskala werden das Pferd immer begleiten, nur nicht in derselben Qualität. So wird auch eine junge Remonte „Schwung" haben, diesen jedoch in einem höheren Tempo zeigen als ein hochausgebildetes Pferd. Ein „fertiges" Pferd in einer schwungvollen Piaffe hingegen hat praktisch kein Tempo. Selbst der Arbeitstrab einer Remonte wird sich anders anfühlen (und anhören) als der eines S-Pferdes. Je besser das Pferd seine Muskulatur unter Kontrolle hat, desto besser wird es sich im Gleichgewicht bewegen (das gilt übrigens auch für den Reiter) und auf die Hilfen durchlässiger reagieren.

GÄNGE UND ÜBERGÄNGE AN DER LONGE VERBESSERN

Das Verbessern von Gangarten und Übergängen setzt ein gewisses Grundwissen und Praxiserfahrung des Reiters voraus. Der Longierzirkel ist eine gebogene Linie. Das Pferd hat mehrere Möglichkeiten,

Der Longierzirkel ist eine gebogene Linie. Das Pferd kann außen längere Tritte machen und/oder innen kürzere. (Foto: Neddens Tierfotografie)

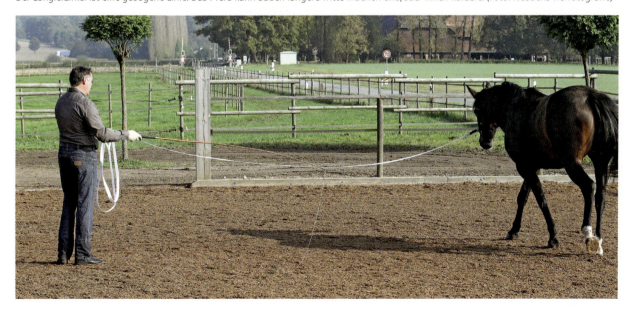

Klassische Arbeit
AM KAPPZAUM

diese „Wendung" zu laufen. Es kann außen längere Tritte machen oder innen kürzere.

Es kann auch außen längere *und* innen kürzere Tritte machen (fortgeschrittenes Stadium) – womit wir wieder bei der Fußfolge wären und dem Zusammenspiel der Hilfen. Eine Parade auf das Kappzaumeisen zum richtigen Zeitpunkt kann hier dem Pferd die Arbeit deutlich erleichtern. Die Einwirkung erfolgt wie beim Reiten. Weiß der Reiter also, was er wann, wo, wie und warum macht, kann er die Gänge verbessern und die Übergänge perfektionieren. Die Früchte dieser Arbeit wird er beim Reiten ernten.

Durch gekonnten Einsatz der Peitsche kann das Pferd motiviert werden, sich besser zu biegen. Meist reicht es, wenn die Peitsche dorthin deutet, wo die Wade des Reiters zu liegen kommt. Dadurch weicht das Pferd der Peitsche, bringt den Rippenkäfig nach außen – es biegt sich. Um das Tempo zu reduzieren, pariert man auf das äußere abfußende Hinterbein. Um das Pferd im Genick zum Nachgeben zu animieren, erfolgt die Parade auf das innere abfußende Hinterbein. Dies gilt prinzipiell bis zu Klasse M. Ein bis dahin reell ausgebildetes Pferd ist dann in der Lage, auch Paraden auf das auffußende Hinterbein umzusetzen. Es beugt die Hankengelenke, die Kruppe wird abgesenkt, es versammelt sich. Sehr deutlich zu sehen und zu spüren ist das im versammelten Galopp, in Pirouetten, in der Piaffe und in der Passage.

KORREKTUR VERRITTENER ODER VERDORBENER PFERDE

Auch in schwierigen Fällen hat sich das Longieren am Kappzaum bewährt. Viele „Problempferde" haben negative Erfahrungen mit dem Gebiss gesammelt. Am Kappzaum kann sich das Maul erholen, die Grundausbildung mehr oder weniger noch einmal durchlaufen werden. Durch viel Lob wird die Motivation des Pferdes verbessert, durch Füttern von Leckerli kann das Pferd zum Kauen angeregt werden. Durch das Kauen lockert sich die Muskulatur im Kiefergelenk und im Genick. Dadurch kann sich die Muskulatur im Hals, im Rücken, in der Hinterhand und im Bauch lösen. Verlangt man Tempounterschiede und viele Übergänge, kann man verrittene Pferde meist leichter entspannen und über den Rücken gehen lassen als unterm Sattel. Nachdem sich das Pferd über die Arbeit am Kappzaum gelockert und entspannt hat, kann zusätzlich ein Trensengebiss in den Kappzaum eingeschnallt werden, um das Pferd wieder aufs Reiten vorzubereiten.

Eine Schülerin, die neu zu mir in den Dressurkurs kam, konnte einige Anweisungen nicht umsetzen, da ihr das dazugehörige Bild fehlte. Also habe ich sie nach ihrem Unterricht gebeten, zu mir in die Bahnmitte zu kommen. Am Beispiel der nächsten Schülerin konnte ich ihr diese Bilder vermitteln. Plötzlich fragte sie mich, was denn das Pferd mit seiner Zunge hätte. Das Pferd lief locker, man konnte, während es kaute und seine Lippen bewegte, hin und wieder die Zunge sehen.

Ich wusste nicht, was sie meinte, da für mich alles normal aussah. Auf meine diesbezügliche Frage meinte sie: „Der hat doch eine *rote* Zunge; Zungen sind doch normalerweise *blau*!" (Die Dame reitet seit zehn Jahren in einem reinen „Turnierstall".) Seit dem Kurs hat nun auch ihr Pferd während des Reitens wieder eine rote Zunge.

VERWENDUNG DES KAPPZAUMS AM BODEN

REHABILITATION NACH KRANKHEIT ODER UNFALL

Auch in der Reha hat sich die Arbeit an der Longe bewährt. Hier wird ebenfalls die Grundausbildung wiederholt, jedoch mit vermehrtem Augenmerk auf die individuellen Bedürfnisse des Pferdes. Wird man bei einer Remonte danach trachten, sie möglichst symmetrisch auszubilden, können bei einem Pferd in der Reha vorsichtig vorhandene Defizite korrigiert werden. Dies erfordert Erfahrung vonseiten des Ausbilders und ein offenes Auge für Veränderungen. Diese Art der Arbeit kann als Grundlage für die Arbeit an der Doppellonge dienen, bei der Seitengänge leichter involviert werden können.

DEM PFERD BEWEGUNG VERSCHAFFEN

Es gibt Fälle, in denen ein Pferd kurzfristig nur kontrolliert bewegt, aber nicht intensiv gearbeitet werden soll: überstandene oder akute leichte Kolik, Muskelkater, Sehnenschäden oder andere medizinische Gründe. In diesen Fällen ist es wichtig, dass das Pferd sich ruhig bewegt und nicht wild lospescht. Aus diesem Grund sollten Pferdebesitzer ihre Pferde immer mal wieder an die Longe nehmen und die Erinnerung an die Grundausbildung auffrischen; ein- bis zweimal im Jahr kann schon reichen. Auch bei dieser leichten Arbeit hat sich der Kappzaum bewährt. Rennt ein Pferd los und reißt an der Longe, so geht dieser Ruck nicht ins Maul sondern auf den Nasenrücken. Nicht dass dieser nicht sensibel wäre, aber zumindest wird das Maul geschont.

Vorhandenes Können auffrischen sollte man übrigens auch, wenn es um das Verladen in einen Pferdeanhänger geht. Wir alle fürchten eine Situation wie diese: Das Pferd ist verletzt, hat eine stark blutende Wunde an einer Stelle, die schlecht verbunden werden kann, und muss in die Klinik gebracht werden, die Zeit läuft ... Also üben Sie das Verladen immer mal wieder. Dabei ist es sehr sinnvoll, den Kappzaum zu nutzen, den das Pferd bereits vom Führen und Longieren kennt. Aber Vorsicht: Pferde dürfen *niemals* ohne Aufsicht am Kappzaum angebunden werden! Legen Sie dem Pferd also im Hänger einen Stallhalfter an.

SITZLONGE

Ein junger, unerfahrener Reiter sollte seine ersten Erfahrungen auf einem „Longenpferd" sammeln. Da jedes Pferd grundsätzlich an der Longe ausgebildet wird, könnte, rein theoretisch, jedes Pferd eingesetzt werden.

Für einen Anfänger ist es aber besonders wichtig, dass das Longenpferd in ruhigem, regulierbarem Tempo geht, im Takt möglichst gleichmäßig bleibt und jederzeit angehalten werden kann. Wichtig ist auch, dass es Körpersprache des Longenführers und Stimmkommandos des Reiters voneinander trennen kann. Die Stimme des Reiters ist dabei der Körpersprache des Longenführers untergeordnet.

Als Vorbereitung für die Zeit, in der der junge Reiter den Umgang mit dem Zügel lernt, ist es von Vorteil, das Pferd am Kappzaum zu longieren, da dieser für das Pferd Priorität hat. Erst wenn die Hand des Reiters unabhängig geworden ist und er mit seinem Sitz auf das Pferd einwirken kann, kann die Longe so weit verlängert werden, dass sie etwas

Klassische Arbeit
AM KAPPZAUM

durchhängt und der Reiter selbst das Pferd mit dem Zügel führt. So haben Longenführer und Reiter gleichzeitig Zugriff auf das Pferd, ohne sich dabei ins Gehege zu kommen.

Hier sei nun die Ausbildung an der Longe erwähnt, wie sie an der Spanischen Hofreitschule zu Wien gehandhabt wird. Obwohl die Eleven der „Spanischen" bei ihrem Eintritt in diese Institution schon „reiten können", beginnen sie ihre Ausbildung an der Longe. Dazu werden Longenpferde verwendet, also Pferde mit korrekten Gängen, die zu Beginn der Ausbildung in einem ruhigen, gleichmäßigen Tempo, später in verschiedenen Tempi gehen können. Die Pferde sind auf Trense und Kappzaum gezäumt, gesattelt, die Ausbindezügel (ohne Gummi) werden in das Trensengebiss, die Longe in den Kappzaum geschnallt.

Die Übungen, die die Eleven dort täglich auf Anweisung des Bereiters ausführen, dienen dazu, eine gewisse Grundspannung ohne Verspannungen aufzubauen. Sie fördern die Beweglichkeit, die Koordination der einzelnen Muskelgruppen, sie verbessern die Kondition und erhöhen die Konzentrationsfähigkeit (siehe Kasten „Übungsbeispiele").

Ziel all dieser Übungen ist es, einen Sitz zu erlangen, der den Hengst in seinem Bewegungsablauf nicht stört, den sogenannten „passiven Sitz". Während der Bereiter mit dem Eleven spricht, achtet der Hengst auf die Körpersprache des Bereiters, auf Anweisungen mit der Longe und der Peitsche. Meist sind Pferd und Bereiter ein eingespieltes Team, das sich praktisch blind versteht. Dies wird dann ersichtlich, wenn der Bereiter die Reaktionsfähigkeit des Schülers überprüft. Das kann er tun, indem er im Galopp dem Eleven etwas erklärt und

Übungsbeispiele:
Das wird von Eleven an der „Spanischen" verlangt

Wird in den ersten Wochen viel Wert auf Geschicklichkeit gelegt (vorzugsweise im Galopp, in dem der Schüler Ab- und Aufspringen, Mühle, Schere, Flanke und ähnliche Voltigierübungen ausführen muss), so wird später die Feinmotorik gefördert. Dazu müssen die einzelnen Körperteile unabhängig voneinander bewegt werden. Der Eleve muss zum Beispiel ein Bein an der Gurtenlage positionieren, das andere eine Handbreit dahinter. Oder er muss eine Hand „zur Zügelführung" mit einer lockeren Faust vor sich, die andere mit einer festen Faust am Rücken tragen. Auch wird er lernen, den Blick je nach Anweisung in verschiedene Richtungen zu lenken, ohne dass dieser sich auf die Bewegungen des Körpers auswirkt. Von Beginn an wird also der Körper des Reiters geschult, ins Gleichgewicht zu kommen. Eine gute Übung dafür ist folgende: Der Reiter hebt die Beine gegrätscht an, bis die Knie auf Höhe des Widerristes sind. Beide Arme führt er auf Schulterhöhe zur Seite, sie dienen als Balancierstange. Auch diese Übung wird vorzugsweise im Galopp geritten.

für diesen unerwartet eine kurze Parade an der Longe zum Kappzaum laufen lässt, auf die der Hengst in einen gleichmäßigen Trab übergeht. Jetzt zeigt es sich, ob der Eleve geschmeidig der

VERWENDUNG DES KAPPZAUMS AM BODEN

Die Longe direkt ins Gebiss einzuschnallen ist alles andere als pferdefreundlich. Das gilt auch für Voltigierpferde!
(Foto: Petra Eckerl/Fotolia.com)

Bewegung des Hengstes folgt und unabhängig sitzt. Erst wenn dies immer wieder zur Zufriedenheit des Bereiters erfolgt, wird er den Eleven der „Sitzprüfung" unterziehen. In der Zwischenzeit ist etwa ein Dreivierteljahr vergangen. Der Eleve erhält nun etwa die Anweisung, eine Runde Schritt zu gehen, eineinhalb Runden zu traben, zwei Runden zu galoppieren, eine Runde zu traben und wieder zum Schritt zu parieren. Hört sich leicht an, oder? Allerdings haben diese Übergänge exakt auf der Mittellinie zu erfolgen, ohne Bügel, ohne Zügel und ohne Stimmhilfe, nur aus dem Sitz heraus. Erst wenn das erfolgreich immer wieder abgerufen werden kann, erlernt der Eleve den Umgang mit dem Zügel, der nach Sitz- und Schenkelhilfen eine untergeordnete Rolle spielen soll.

Klassische Arbeit
AM KAPPZAUM

Diejenigen unter Ihnen, die Dr. Josef Kastner und Prof. Eckart Meyners (Experten für Biomechanik und Bewegungslehre des Reiters) kennen, werden viele dieser Übungen in deren Lehren wiedererkennen. Den wenigsten Bereitern und Reitlehrern ist allerdings bekannt, warum sie vom Schüler gewisse Übungen fordern. Sie wissen jedoch aus eigener Erfahrung, dass der Sitz damit verbessert wird, und halten sich an mündlich Überliefertes, das sich als nützlich erwiesen hat.

Erst nach der intensiven Ausbildung an der Sitzlonge beginnt der Unterricht im „Freireiten", in der „Lektion", wie er in Wien genannt wird. Dieser erfolgt auf fertig ausgebildeten Schulhengsten, die entweder früher in der Vorführung geritten wurden oder immer noch vorgestellt werden. Diese Pferde reagieren sehr fein auf leichteste Hilfen. Um den Sitz weiter zu verbessern, wird der Eleve weiterhin täglich longiert, meist unmittelbar vor der Lektion. Insgesamt dauert die Ausbildung an der Longe in etwa eineinhalb Jahre. In dieser Zeit dürfen die Eleven übrigens etwaige eigene Pferde nicht reiten, um nicht wieder in alte Gewohnheiten zu verfallen. Bei einer allenfalls notwendigen Sitzkorrektur wird sofort wieder auf den Unterricht an der Longe zurückgegriffen.

VOLTIGIEREN

Ein Wort zum Voltigieren: Recherchen haben ergeben, dass im Wettbewerb sehr wohl ein Kappzaum verwendet werden darf (*Richtlinien für Reiten und Fahren, Band 3*, Auflage 2013, Seite 38). Umso schwerer ist es zu verstehen, warum bei den meisten Voltigierpferden immer noch die Longe direkt in den Trensenring eingehängt wird. Kappzäume können in verschiedenen Farben hergestellt werden, auch in wettbewerbstauglichem Weiß. Wenden Sie sich vertrauensvoll an Ihren Sattler.

REITEN IM DAMENSATTEL: ERSTE STUNDE

Wenn sich eine Dame (oder auch ein Herr) für das Reiten im Damensattel interessiert, ist es von Vorteil, diese interessierten Reiter in der ersten Stunde im Damensattel an die Longe zu nehmen. Dann können sie sich zu 100 Prozent auf den Sitz konzentrieren: Richtung, Gangart und Tempo liegen in den Händen des Longenführers. Es empfiehlt sich, beim linkssitzigen Damensattel in jeder Gangart auf der rechten Hand zu beginnen. Am besten konsultieren Sie einen dafür geprüften Reitlehrer (Infos unter: www.damensattel.at, www.damensattel-deutschland.de, www.damensattel-schweiz.de).

Exkurs: Das Auge des Pferdes

Was generell für die Bodenarbeit, das Longieren, die Handarbeit und für das Unterrichten gilt: Ein guter Reitlehrer orientiert sich an der Mimik des Pferdes und an dessen Augenausdruck.

Vom Boden sieht man, wie sich der Ausdruck und sogar die Farbe des Pferdeauges verändert: Sie ist dunkel, fast schwarz, wenn sich das Pferd ärgert, braun mit einem Stich ins Blaue, wenn es zufrieden ist. Für den Reiter ist es schwierig, dies zu sehen, da er keinen direkten Blick in das Auge des Pferdes hat.

VERWENDUNG DES KAPPZAUMS AM BODEN

Das Auge des Pferdes verrät seine Stimmung. (Foto: Linda George/Shutterstock.com)

Diese Erfahrung, die man etwa beim Longieren machen kann, kommt einem bei der Handarbeit zugute. Da das Pferd hierbei meist an der Bande gearbeitet wird und der Ausbilder innerhalb der Bahn steht, kann es sich sehr schnell eingeengt fühlen. Es wird vorn verhalten, hinten touchiert – da kann es schnell zu Missverständnissen kommen und das Pferd panisch werden und versuchen, sich aus der Situation zu befreien. Es ist gut, wenn der Ausbilder zeitnah merkt, dass das Pferd dabei ist, zu überdrehen.

Von der Longe zur Doppellonge

An der Longe ist es möglich, geradeaus zu gehen, also auf dem einfachen Hufschlag zu arbeiten, oder die Biegung durch Übungen wie Zirkel verkleinern und Zirkel vergrößern zu verbessern. Geschickte Longenführer können ein bisschen Schulterherein verlangen, indem sie die Vorhand des Pferdes hereinnehmen und das Pferd dann etwas weichen lassen *(Endnote 13)*.

Klassische Arbeit
AM KAPPZAUM

Durch die Verwendung des Kappzaums ist es möglich, Handwechsel ohne Halt nach innen durchzuführen. Den Handwechsel beginnt man im Schritt mit einer Kehrtvolte, steigert später über eine kurze Passade im Trab und kann mit fortgeschrittener Ausbildung sogar eine halbe Pirouette im Galopp verlangen. Bei dieser Lektion bieten viele Pferde den fliegenden Galoppwechsel an. Die Möglichkeiten des Longierens sind also vielfältig.

Durch die Arbeit an der Doppellonge kann das Pferd noch vielfältiger gymnastiziert werden: Aus Kehrtvolten nach außen ergeben sich Schlangenlinien durch die ganze Bahn, aus denen man den Travers erarbeitet. Weicht das Pferd der Leine in den Travers, kann man in den Bögen der Schlangenlinien eine Traversvolte verlangen, aus der sich später die Pirouetten ergeben. Auch die fliegenden Galoppwechsel können verbessert werden.

Bei der Doppellonge hat sich die Verwendung eines Kammdeckels (der eigentlich für Fahrpferde gedacht ist) oder eines Longiergurtes bewährt. Durch die (stehenden) Leinenringe des Kammdeckels verringert sich die Reibung der Leinen, das Pferd hat weniger Druck im Maul. Auf jeden Fall sollten die Leinen über den Rücken des Pferdes verlaufen. Vereinzelt wird noch die Methode angewandt, die Leine außen um das Hinterbein herumzuführen.

Messungen (etwa von Prof. Preuschoft) haben ergeben, dass sich der Druck im Pferdemaul in dem Moment, wo das äußere Hinterbein am weitesten hinten ist, um bis zu 40 Kilogramm erhöhen kann.

WANN KANN MAN VON DER LONGE ZUR DOPPELLONGE WECHSELN?

Geht das Pferd ruhig in allen Grundgangarten, reagiert es auf Körpersprache, Longierleine, Stimme und Peitsche, steht der Umstellung nichts mehr im Wege. Der Longenführer muss nun lernen, beim Handwechsel entsprechend früh an der neuen inneren Leine nach vorn zu greifen, um dann die Wendung einleiten zu können. Mit Übung und überlegtem Vorgehen lassen sich die Handgriffe schnell erlernen und umsetzen. Üben Sie erst einmal im Schritt – oder sogar mit einem Menschen anstelle des Pferdes. Tipp: Wohnt in Ihrer Nähe ein Gespannfahrer, wenden Sie sich an ihn. Er kann Ihnen die Handgriffe vermitteln – am besten am „Fahrlehrgerät".

An der Doppellonge können die Geschmeidigkeit und die Durchlässigkeit verbessert und die Versammlung erhöht werden, weil kleinere Wendungen und effektivere verhaltende Hilfen möglich sind. Andererseits ist der Longenführer durch die langen Leinen in der Lage, das Pferd jederzeit auf einen großen Kreis gehen zu lassen, um sich von der versammelnden Arbeit wieder zu erholen und sich wieder zu dehnen.

Ein Knackpunkt bei der Arbeit an der Doppellonge ist immer der Seitenwechsel.

Die Doppellonge wird in die seitlichen Ringe des Kappzaums eingeschnallt. (Foto: Neddens Tierfotografie)

VERWENDUNG DES KAPPZAUMS AM BODEN

Klassische Arbeit
AM KAPPZAUM

Viele Pferde werden anfangs nervös, wenn der Reiter aus dem einen Auge „verschwindet" und plötzlich auf der anderen Seite wieder erscheint. Nach einigen Wiederholungen, bei denen man sich langsam bewegt und beruhigend mit dem Pferd spricht, wird es den Seitenwechsel tolerieren.

Von der Doppellonge zum Langen Zügel

Man kann A-Pferde genauso am Langen Zügel führen wie Pferde auf dem Ausbildungsstand der Klasse S. Je höher allerdings der mögliche Versammlungsgrad, desto leichter die Arbeit und umso mehr Spaß haben Reiter und Pferd am Langen Zügel.

Arbeitet man an der Doppellonge, kommt früher oder später der Zeitpunkt, wo einem die lange Doppellongenleine im Weg ist. Man möchte kleinere Wendungen machen, öfter Schulterherein und Travers dazunehmen und vielleicht auch die Piaffe entwickeln oder häufiger abrufen. Man wird also das Pferd an den geringeren Abstand gewöhnen und vorsichtig höhere Lektionen verlangen. Am Langen Zügel ist vom Reiter eine gute Kondition und gutes Schuhwerk gefordert.

BAHNREGELN AM LANGEN ZÜGEL

Am Langen Zügel ist der Reiter genauso an die Reitbahnregeln gebunden wie alle anderen Reiter auch. Trotzdem hat der Lange Zügel generell Vorrang. Der Reiter muss frühzeitig zu erkennen geben, welche Linienführung er beabsichtigt. So mancher Reiter ist überfordert, wenn jemand sein Pferd am Langen Zügel führt. Ein bisschen Nachsicht ist hier angezeigt. Je öfter ein Pferd am Langen Zügel im Viereck ist, desto eher gewöhnen sich Reiterkollegen daran. Schwierig wird es, wenn Reiter auf sehr niedrigem Niveau im Viereck sind, die ihr Pferd noch nicht so unter Kontrolle haben oder so aufs eigene Pferd fixiert sind, dass sie gar nicht sehen, wer einem da über den Weg läuft. Kooperationsbereitschaft kann nie schaden.

VORAUSSETZUNGEN

Das Pferd muss den Ausbilder gelassen in seiner unmittelbaren Nähe dulden. Ist ein Pferd sehr empfindlich auf Berührungen am Hinterbein, schlägt es etwa, ist es für die Arbeit am Langen Zügel *nicht* geeignet. Das Risiko, bei einem eventuellen Tritt getroffen zu werden, ist zu hoch. Die Gesundheit des Menschen hat Priorität.

GRÜNDE FÜR DIE ARBEIT AM LANGEN ZÜGEL

Ist ein Pferd *zu jung, zu zierlich oder zu klein*, um geritten zu werden, kann die Ausbildung am Langen Zügel sinnvoll sein. Ich hatte beispielsweise einen sehr kleinen, zierlichen Trakehner als Berittpferd. Er war drei Jahre alt, als ich ihn kennenlernte und mit seiner Ausbildung begann.

Ich longierte ihn an und ließ mir Zeit, da ich hoffte, er würde noch ein wenig wachsen. Das tat er zwar, aber als die Zeit fürs Anreiten gekommen war, war er mir immer noch zu klein und zu zart. Also arbeitete ich ihn an der Doppellonge. Dazu rüstete ich ihn sowohl fürs Longieren als auch zur Doppellongenarbeit aus: mit Kappzaum, Longe,

Trense, Doppellonge und Kammdeckel. Nach einigen Runden an der Longe zum Eingewöhnen führte ich die Doppellonge durch die Leinenringe des Kammdeckels und schnallte sie in die Trensenringe ein. Die nächsten Runden longierte ich den Wallach, sodass er den gewohnten Druck auf seiner Nase verspürte. Nun stellte ich vorsichtig die Leinen der Doppellonge an. Da ich vorwiegend weiterhin mit der Longe arbeitete, irritierte ihn das nicht weiter. Ich gab immer wieder mit der Longe etwas nach und führte vorsichtig mit der Doppellonge. Wurde er unsicher, stellte ich die Longe wieder an und gab an der Doppellonge nach. Nach kurzer Zeit konnte ich die Longe weglassen und an der Doppellonge den Zirkel verkleinern, vergrößern, nach außen und nach innen umkehren, Teile der ganzen Bahn dazunehmen, Volten und Schlangenlinien abfragen. Dabei verkleinerte ich sukzessive den Abstand zum Pferd. Nach einigen Wochen ersetzte ich die Doppellonge durch den Langen Zügel. Nun konnte ich Schulterherein, Wendung um die Hinterhand und Travers ergänzen.

Da ich den jungen Kerl auch schon anpiaffiert hatte, konnte ich auch die Piaffe auf diese Weise verbessern. Ich ritt ihn erst an, als er schon viereinhalb war (und nun endlich vertretbar größer). Auch hierbei ließ ich ihm Zeit. Nach sechs Monaten unterm Sattel konnte ich beginnen, vorsichtig all das abzufragen, was er konnte.

Im Alter von fünf Jahren zeigte er unter dem Sattel dieselben Lektionen wie am Langen Zügel. Seine Kondition verbesserten wir unter anderem mit Klettern und Trab am Berg. Auch die Springausbildung kam nicht zu kurz und machte viel Spaß, da ich

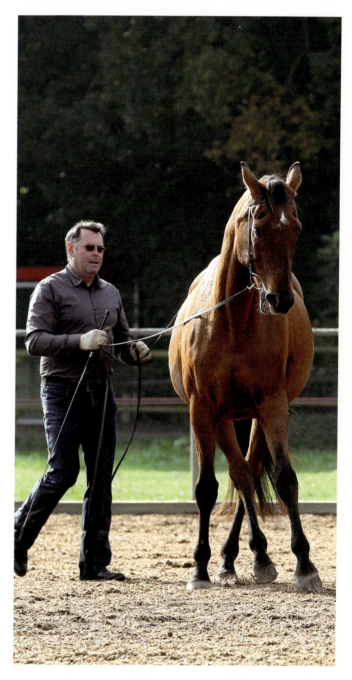

Am Langen Zügel wird das Pferd gewöhnlich auf Trense gezäumt. Als Vorbereitung dient die Longen- und Doppellongenarbeit mit dem Kappzaum. (Foto: Neddens Tierfotografie)

Klassische Arbeit
AM KAPPZAUM

eher unübliche Linienführungen ritt: im Travers auf die Linie des Sprunges, drei Sprünge geradeaus, über den Sprung, drei Sprünge geradeaus, im Travers weiter. Oder: über den Sprung, drei Sprünge geradeaus, eine halbe Galopppirouette, drei Sprünge, wieder über den Sprung mit Galoppwechsel, drei Sprünge geradeaus, eine halbe Pirouette und so weiter.

Auch für *alte Pferde* bietet die Arbeit am Langen Zügel Vorteile. An der „Spanischen" werden Pferde, die „alle Gänge und Touren" (Grand Prix) beherrschen, in höherem Alter, wenn man ihnen das Gewicht des Bereiters nicht mehr zumuten möchte, auf den Langen Zügel umgeschult.

So kann ein Hengst weiterhin auf sehr hohem Niveau gearbeitet und sogar in der Vorführung eingesetzt werden. Die Pferde fühlen sich gefordert und die Motivation bleibt erhalten. Was die Arbeit erleichtert: Die Hengste können die verschiedenen Lektionen schon. Der Bereiter muss sich nur auf eine andere Art und Weise verständlich machen, als er es bis jetzt gewohnt war.

Die Arbeit am Langen Zügel kann auch zu einer Art *Reha-Programm* werden: Manchmal kommt es zu einer Rückenverletzung (Biss in der Sattellage, entzündete Talgdrüsen, Satteldruck). Am Langen Zügel kann das Pferd ohne Belastung der Sattellage weiter gearbeitet werden. Auch wenn Muskeln durch unpassende Sättel oder falsches Reiten atrophiert sind, kann die Arbeit am Langen Zügel beim Training helfen, ohne dass das Pferd das Reitergewicht tragen muss.

Durch die Arbeit am Langen Zügel bekommen Pferd und Reiter außerdem ein *besseres Verständnis für die Zügelhilfen*.

Übungen vor dem Aufsitzen

Im täglichen Umgang mit dem Pferd verlange ich bereits verschiedene Lektionen wie Vor- und Hinterhandwendungen oder Rückwärtsrichten (siehe Kapitel „Bevor wir mit der Arbeit beginnen").

Der Unterschied *zwischen dem Langen Zügel und dem Langzügel*

Am Langen Zügel werden alle Gangarten und, je nach Möglichkeit und Können, alle Lektionen der Hohen Schule gezeigt.

Der Langzügel wird beim therapeutischen Reiten eingesetzt. Eine Person führt das Pferd am Langzügel im Schritt direkt hinter dem Pferd gehend und unterstützt so den Therapeuten, der sich um den Patienten kümmert.

So kann das Pferd von Anfang an gezielt und problemlos dirigiert werden. Übungsfolgen wie „Losgehen-Halten-Rückwärtsrichten" lassen sich auf dem Weg zur Koppel einbauen und helfen, das Tempo beliebig zu regulieren. Die hier aufgezeigten Übungen werden normalerweise unmittelbar vor dem Aufsitzen absolviert und zählen zu den lösenden Lektionen. Sie nehmen nicht viel Zeit in Anspruch. Ausrüstung: Sattel, Trensenzaum, Kappzaum, Führzügel, Touchiergerte beziehungsweise Gerte.

WENDUNG UM DIE VORHAND IN KONTERSTELLUNG

Vorab: Übertreiben Sie es mit der Wendung in Konterstellung *(Endnote 14)* nicht. 180-Grad-Wendungen sind anfangs genug. Besser, als das Pferd lange in dieselbe Richtung übertreten zu lassen, ist, mehrfach Handwechsel zu verlangen. Steht man links neben dem Pferd, reicht es meist, mit dem Führzügel den Pferdekopf ein wenig nach links zu führen und dann einen Schritt in Richtung Pferdebauch zu gehen. Da dem Pferd diese erhöhte Biegung im Hals- und Widerristbereich unangenehm ist, wird es rechts hinten nach außen ausweichen. Auf jeden Zügelanzug wird es einen weiteren Schritt nach rechts machen. Das kann man durch Touchieren des jeweiligen Hinterbeins unterstützen.

Anfangs wird man das Pferd mehr nach außen wegtreten lassen. Das verbessert die Mobilität im Hüftbereich. Nach einigen Tritten sollte man das Pferd etwas nach außen und nach vorn treten lassen, sodass es mit den Hinterbeinen voreinander schränken kann. (Vergrößert man später dabei auf eine große Volte, geht dabei mehr vorwärts und beschränkt die Bewegung nach vorne, ist das Pferd im Schulterherein.)

Diese Lektion, unter dem Sattel ausgeführt, macht das Pferd das erste Mal mit dem seitwärtstreibenden Schenkel vertraut. Auf die Parade links steigt es mit dem diagonalen Hinterbein (rechts hinten) nach außen weg. Dazu ist keine Schenkelhilfe nötig. Legt man nun zusätzlich den Schenkel eine Handbreit hinter den Gurt und gibt einen kurzen, leichten Impuls, lernt das Pferd, auf diese Hilfe nach rechts zu weichen. Es lernt den seitwärtstreibenden Schenkel hinter dem Gurt kennen. Spätestens beim Travers werden sie notwendig. Je leichter diese Hilfen von Beginn an gegeben werden, desto leichter wird später der Travers zu reiten sein.

Wird das Pferd während dieser Lektion gerade-, später sogar umgestellt, erhält man die Lektion „Wendung um die Vorhand". Das Pferd schaut in die Richtung, in die es geht.

Gelingt diese Übung geschmeidig, kann man dabei auch die Vorhand nach rechts weggehen lassen, Vor- und Hinterhand bewegen sich gleich schnell vorwärts-seitwärts – man erhält dadurch die ersten Tritte des Travers.

WENDUNG UM DIE HINTERHAND

Steht man links neben dem Kopf des Pferdes und geht auf das Pferd zu, wird es mit der Vorhand nach rechts weichen.

Dies kann durch kurze Zügelanzüge, die über den Führzügel auf den Kappzaum beziehungsweise Nasenrücken wirken, unterstützt werden. Bewegt sich das Pferd flüssig in Rechtsbiegung nach rechts um die Hinterhand und lässt man es dann vorne und hinten gleichzeitig vorwärts-seitwärts treten (mit der Gerte das Hinterbein treiben), entsteht ebenfalls der Travers.

Auch unter dem Sattel werden diese Übungen verbunden. Reitet man an der langen Seite eine Wendung um die Hinterhand, so steht das Pferd danach zumindest eine Hüftbreite von der Wand entfernt. Nimmt man nun zum ersten Schritt der Wendung um die Hinterhand den ersten Schritt der Wendung um die Vorhand dazu, geht das Pferd vorne und hinten gleichzeitig zur Wand und tritt dabei voreinander; traversartige Tritte entstehen.

Klassische Arbeit
AM KAPPZAUM

Viele Übungsfolgen lassen sich problemlos in den täglichen Umgang mit dem Pferd integrieren – etwa der Wechsel zwischen Losgehen, Halten (oben) und Rückwärtsrichten (unten). (Fotos: Neddens Tierfotografie)

VERWENDUNG DES KAPPZAUMS AM BODEN

Die Wendung um die Vorhand mit Konterstellung verbessert die Mobilität im Hüftbereich.
Aus der Wendung um die Hinterhand entsteht später der Travers. (Fotos: Neddens Tierfotografie)

Klassische Arbeit
AM KAPPZAUM

Aus diesen entsteht der Travers, bei dem die Pferdebeine hinten kreuzen und daraus die Traversale, in der die Beine vorn und hinten kreuzen, Später folgt die Traversvolte, die eine vorbereitende Übung zur Pirouette ist.

Klassische Handarbeit

Unter „klassischer Handarbeit" versteht man im engeren Sinne das Anpiaffieren eines Pferdes. Normalerweise wird ein junges Pferd mindestens ein Jahr geradeaus geritten – in allen Gangarten, auf jeder Linie, möglichst geradegerichtet. Dann kann mit der Handarbeit begonnen werden (meist schon zu Beginn des zweiten Ausbildungsjahres).

Handarbeit kann unmittelbar vor dem Aufsitzen erfolgen, es sei denn, das Pferd war den ganzen Tag in der Box. Dann sollte es vorher kurz in den Grundgangarten gelöst werden.

AUSRÜSTUNG UND GRUNDLEGENDES

Das Pferd ist gesattelt und auf Trense gezäumt. Zur Handarbeit wird der Kappzaum angelegt. Er wird über das Genickstück der Trense gelegt, der Ganaschenriemen unter die Backenstücke des Trensenzaumes verschnallt (Überleg-Unterschnall-Kappzaum). Die Zügel sollten am besten hinter den hochgezogenen Steigbügeln fixiert werden. Trägt sich das Pferd selbst (durch die vorangegangene korrekte Longenarbeit), braucht es nicht ausgebunden zu werden. Im Zweifelsfall kann an passender Stelle ein Knoten in den Zügel gemacht werden, sodass die Zügel gleich lang am

Für die Handarbeit wird das Pferd „aufgeschweift".
(Foto: Neddens Tierfotografie)

Pferdemaul leicht angestellt sind. Der Führzügel sollte, abhängig von der Größe und Länge des Pferdes, ungefähr 1,50 Meter lang sein und im mittleren Kappzaumring eingeschnallt werden (siehe auch Kapitel „Der maßgefertigte Kappzaum: Hinweise für den Sattler"). Es hat sich als praktisch erwiesen, den Schweif, am besten mit einem Knoten, hochzubinden. Das erleichtert dem Reiter das Touchieren. Bei sehr dichtem Schweif hat sich die Verwendung einer Schweiftasche bewährt. Handschuhe für den Ausbilder sind zu empfehlen. Die übliche Länge der Touchiergerte beträgt

VERWENDUNG DES KAPPZAUMS AM BODEN

Das Pferd wird durch vorsichtiges Abstreichen geduldig mit der Gerte vertraut gemacht. (Foto: Neddens Tierfotografie)

1,60 Meter, ist aber in der Praxis abhängig von der Armlänge des Reiters und der Länge des Pferdes. Das hintere Röhrbein sollte bequem mit der Touchiergerte zu erreichen sein.

Da ein Rechtshänder mit der rechten Hand meist geschickter ist, wird er auf der linken Hand anpiaffieren. So kann er die Hinterhand des Pferdes mit seiner rechten, geschickteren Hand touchieren. Ein Linkshänder piaffiert das Pferd somit auf der rechten Hand an. Da die Piaffe in sich geradegerichtet ist, spielt es für das Pferd keine Rolle, auf welcher Hand es anpiaffiert wird.

VERTRAUT MACHEN MIT DER GERTE

Um das Pferd mit der Touchiergerte vertraut zu machen, wird die Hinterhand „abgestrichen". Dazu fährt man mit der Gerte leicht über die Kruppe hinunter bis zum Röhrbein und lobt das Pferd dabei mit der Stimme. Vorsicht, das Pferd könnte nach der Gerte schlagen. Ignorieren Sie dieses Verhalten, sprechen Sie mit ruhiger Stimme mit dem Tier und wiederholen Sie die Übung, bis sich das Pferd anstandslos berühren lässt. Der Führzügel wird leicht angestellt und erlaubt einen geringen Raumgewinn.

Klassische Arbeit
AM KAPPZAUM

Zunächst wird das abfußende Hinterbein touchiert ...
... später das auffußende. Das macht die Hinterbeine flinker. (Fotos: Neddens Tierfotografie)

VERWENDUNG DES KAPPZAUMS AM BODEN

Zunächst steht der Ausbilder bei der Handarbeit dicht am Kopf des Pferdes. (Foto: Neddens Tierfotografie)

Die Paraden auf den Kappzaum erfolgen, wenn notwendig, wie üblich auf das abfußende Hinterbein.

Je korrekter die Arbeit an der Longe war, je verständlicher der Reiter sich mit seiner Körpersprache, der Stimme, Longe und Peitsche machen konnte, je größer das Vertrauen des Pferdes in seinen Reiter ist, desto leichter wird das nun folgende Anpiaffieren sein.

Touchiert man nun gefühlvoll das innere Röhrbein und reagiert das Pferd, indem es dieses Bein anhebt, loben Sie und beenden Sie die Einheit. Genug für den ersten Tag. Es reicht, wenn das Pferd zweimal pro Woche anpiaffiert wird. Planen Sie außerdem immer mindestens einen Tag Pause zwischen den Übungseinheiten ein.

Klassische Arbeit
AM KAPPZAUM

Später lernt das Pferd, an der Sprunglonge zu piaffieren. Zunächst mit Helfer (oben),
dann allein mit dem Ausbilder (unten). (Fotos: Neddens Tierfotografie)

VERWENDUNG DES KAPPZAUMS AM BODEN

Um die Piaffe unter dem Sattel zu erarbeiten, wird der Reiter zunächst durch einen Helfer am Boden unterstützt (oben). Später gelingt die Lektion ohne Helfer (unten). (Fotos: Neddens Tierfotografie)

Klassische Arbeit
AM KAPPZAUM

VON DEN ERSTEN TRITTEN ZUR PIAFFE

Im Laufe der Zeit wird die Anzahl der Tritte erhöht. Erst reicht es, wenn das Pferd das touchierte Bein etwas hebt, später wird es das Sprunggelenk beugen, indem man das abfußende Hinterbein etwas später touchiert.

Kann man einige Tritte in Folge abrufen (das kann schon einige Wochen dauern), wird der Reiter versuchen, gleichzeitig zu einer sanften Parade am Kappzaum das auffußende Hinterbein zu touchieren. Das macht das Hinterbein flinker, das Pferd braucht es nun nur noch bis in Höhe des Kronrandes des am Boden stehenden Fußes zu heben. Wenn die Tritte „höher, aber langsamer" oder „schneller und weniger hoch" abgerufen werden können, kann man dazu übergehen, ein Hinterbein etwas später zu touchieren, sodass es mit dem diagonal abfußenden Vorderbein synchron abfußt. Erst sprechen Sie eine Diagonale an, nach einigen Tagen die andere. Diese Vorgehensweise ergibt mit der Zeit einen Trab auf der Stelle. Kann das Pferd einige Tritte dieser Art abrufen, ohne sich zu verspannen, wird der Raumgewinn mittels Paraden am Kappzaum etwas verringert. Als Vorbereitung dazu hat sich das Rückwärtsrichten bewährt. Dabei verschiebt das Pferd den Schwerpunkt seines Rumpfes etwas weiter nach hinten und es piaffiert. Bis das Pferd gut piaffiert, können einige Jahre ins Land gehen. Da Sie Ihr Pferd hoffentlich viele Jahre reiten werden, spielt das allerdings keine Rolle.

PIAFFE UND SCHULEN ÜBER DER ERDE

Kann das Pferd 10 bis 15 Piaffetritte dieser Art entspannt abrufen, kann dazu übergegangen werden, es für die Levade vorzubereiten. Dadurch wird die Piaffe ausdrucksvoller, gesetzter, die Kruppe senkt sich tiefer, die Vorhand hebt sich, sie wird leichter. Viele Turnierreiter scheuen die Levade, da Pferde im Viereck schon mal ungefragt darauf zurückgreifen.

Die Piaffe selbst ist ein Mittel zum Zweck – sie verbessert die „Schulen auf der Erde" und ist die unmittelbare Vorbereitung für die „Schulen über der Erde" (Levade, Kapriole, Courbette).

Kann das Pferd an der Hand piaffieren, setzt man einen Reiter in den Sattel, um es an die Hilfen für die Piaffe zu gewöhnen. Auf ein Kommando von unten legt der Reiter beide Unterschenkel eine Handbreit hinter die Gurte, dann erfolgt das Touchieren von unten. Das Pferd wird so auf die Hilfe der Waden konditioniert, der Reiter muss später nicht mehr so viel treiben, sondern lässt die Waden einfach abwechselnd links und rechts ans Pferd heranfallen. Das funktioniert genauso wie im Schritt. Viel Spaß beim Üben!

Oben: Vorbereitungen zur Levade: Das Pferd hebt im Halten die Vorhand an. (Foto: Neddens Tierfotografie)

Unten: Daraus entwickeln sich allmählich erste Ansätze für die Levade, die erst an der Hand, dann unter dem Reiter ausgebaut werden können. Die Reiterin auf dem Foto sollte sich etwas weniger nach vorn neigen, das Pferd beherrscht die Lektion perfekt. (Foto: Desmond O'Brien)

VERWENDUNG DES KAPPZAUMS AM BODEN

Klassische Arbeit
AM KAPPZAUM

VERWENDUNG
des Kappzaums beim Reiten

Seit Jahrhunderten wird der Kappzaum zum Anreiten von Pferden verwendet. Wie man dabei vorgeht, erfahren Sie in diesem Kapitel.

Gedanken zum Reiten

Unter Max Ritter von Weyrother wurde die Spanische Hofreitschule im 19. Jahrhundert zu einem Mekka der Reiter Mitteleuropas. Er prägte den Begriff des „denkenden Reiters". Er schrieb: *„Jeder Bereiter muss sich vollkommen klar sein, auf welcher Stufe der Dressur sich das Pferd befindet, welches er arbeitet, wie über den Zweck, welchen er von Lection zu Lection verfolgen und schließlich erreichen will. Um den Zweck befragt, muss jederzeit mit kurzen Worten klar und deutlich Auskunft gegeben werden können. Mit einem Worte, der Bereiter muss nicht allein reiten, sondern auch denken, denn nur ein denkender Reiter wird mit möglichster Schonung des Pferdes in verhältnismäßig kurzer Zeit das Ziel, welches er sich gesteckt hat, erreichen."*

DER REITLEHRER ALS DOLMETSCHER

Der Reitlehrer, der in der Bahnmitte steht, ist eigentlich ein Dolmetscher. Er übersetzt das, was der Reiter dem Pferd durch seine Hilfen mitteilt, egal, ob dies absichtlich oder unabsichtlich

Der Reiter sollte immer mehrere Konzepte für die Trainingsstunde im Kopf haben. (Foto: Neddens Tierfotografie)

VERWENDUNG DES KAPPZAUMS BEIM REITEN

geschieht. Umgekehrt ist es genauso – das Pferd versucht, dem Reiter etwas zu sagen, der „Dolmetscher" hilft den beiden bei ihrer Kommunikation. Das Pferd selbst ist der Reitlehrer, denn nur das Pferd kann dem Reiter ein bestimmtes Gefühl vermitteln. Der Dolmetscher sagt ihnen, ob es richtig, halbrichtig oder eher ein Streichresultat ist.

WAS BEDEUTET „KLASSISCH"?

Ein Wort zur Bedeutung des Terminus „klassisch": „Klassisch" ist es, wenn ein Pferd durch die reiterliche Arbeit in die Lage versetzt wird, *länger gesünder* zu bleiben und dadurch *mehr Leistung* über einen *längeren Zeitraum* zu erbringen. Das entspricht im Prinzip den Zielen jeder sportlichen Betätigung. Wird eine dieser drei Anforderungen nicht erfüllt, kann man nicht mehr von „klassisch" sprechen.

Klassisch reiten kann man in verschiedenen Stilrichtungen, zum Beispiel „Englisch" (Dressur, Springen, Vielseitigkeit), „Western", „Franko-Iberisch", „Isländisch" und so weiter. Pferde unterscheiden nicht zwischen verschiedenen Reitweisen, sondern nur zwischen gutem und schlechtem Reiten.

Zwei Beispiele klassischer Ausbildung: Die Hengste an der „Spanischen" werden spät angeritten (im Alter von vier Jahren) und schonend ausgebildet. Sechs bis acht Jahre vergehen, bis sie Lektionen der Klasse S gehen, die Ausbildung bis zum Grand Prix („alle Gänge und Touren") erfolgt erst danach. Sie werden ihrem Können entsprechend eigentlich permanent eingesetzt und in der Regel 15 Jahre an der Schule geritten, bevor sie im Alter

Klassische Arbeit
AM KAPPZAUM

von etwa 25 Jahren in Pension gehen, die sie im Bundesgestüt Piber in der Steiermark verbringen – dem Ort, an dem sie aufgewachsen sind. Je korrekter die Ausbildung, je besser die Gymnastizierung, desto leichter ist es für den Hengst, die an ihn gestellten hohen Anforderungen zu leisten und umso vertretbarer ist es für den Bereiter, über viele Jahre hindurch immer wieder Höchstleistungen von ihm zu fordern. Sein Können gibt der „Schulhengst" dann an die Eleven (Schüler) weiter, die dann ihrerseits ihr Können wieder an junge Hengste weitergeben. Damit schließen sich die Kreise in jeder Generation neu.

Auch „klassische" Cowboys reiten ihre Pferde meist erst im Alter von vier Jahren an, setzen sie je nach Ausbildungsstand entsprechend ein, lassen ihnen jedoch mindestens sieben Jahre Zeit, um bis zum „Bridlehorse" ausgebildet zu werden. Auch diese Pferde bringen jahrelang Höchstleistungen bis zu ihrer Pensionierung mit etwa 25 Jahren.

Kein seriöser Berufsreiter würde sieben Jahre in die Ausbildung seines „Partners Pferd" investieren, um dann nur fünf Jahre mit ihm zusammenzuarbeiten! Das wäre schon rein wirtschaftlich nicht gerade lohnenswert. Dasselbe gilt für Stierkämpfer, Pferdehirten, berittene Polizisten, Fiaker und so weiter und sollte gleichermaßen auch für Freizeit- und Turnierpferde gelten.

KONZEPTE DER AUSBILDUNG

Bevor man mit Pferden zu arbeiten beginnt, sollte man ein Konzept, also einen Plan im Kopf haben. Mögliche Konzepte sind in jeder Reitlehre beschrieben und können jederzeit und immer wieder nachgelesen werden. Sie wurden von Reitern niedergeschrieben, die sie ein Leben lang erfolgreich angewendet haben *(Endnote 15)*.

Dabei sollte man nicht nur ein Konzept im Kopf haben, sondern mehrere:

Denn es kann es sein, dass...

Konzept 1 ... der Reiter gut gelaunt ist und sein Pferd ebenfalls.

Konzept 2 ... der Reiter gut gelaunt ist, sein Pferd jedoch nicht.

Konzept 3 ... der Reiter nicht gut gelaunt ist, sein Pferd jedoch schon.

Konzept 4 ... beide, Reiter und Pferd, einen schlechten Tag haben.

Angenommen, Sie sind gut drauf und freuen sich aufs Reiten, müssen aber feststellen, dass Ihr Pferd einen schlechten Tag hat (Konzept 2). Sie verlieren Ihre gute Laune und verlangen nichts vom Pferd (Konzept 4). Die Laune des Pferdes bessert sich, da keine Erwartungen an es gestellt werden (Konzept 3). Ihre positive Einstellung kehrt wieder (Konzept 1). Und das alles innerhalb von fünf bis zehn Minuten. Jetzt wäre es praktisch, wenn Sie sich am Vorabend schon die einzelnen Konzepte durchdacht hätten. Bereiter müssen sich das zusätzlich für jede Klasse überlegen ...

EIN VERGÄNGLICHES KUNSTWERK

Man sollte bedenken, dass jede Bewegung einmalig ist. Sie ist ein vergängliches Kunstwerk.

Eine Trabverstärkung etwa ist immer wieder ein neues Kunstwerk – nicht identisch mit der vorherigen, vielleicht ähnlich, aber in jedem Fall genauso vergänglich. Es bleibt dem Reiter also nichts anderes übrig, als permanent an sich selbst und an seinem Pferd zu arbeiten, es zu formen und zu modellieren. Alles, was heute erreicht wird, ist die Grundlage für die morgige Arbeit. Ausbildung verläuft also nicht linear – eine Weisheit, die jedem Bereiter vertraut, vielen Freizeitreitern jedoch fremd ist. Diese Abweichungen von der linearen Ideallinie sind zudem dreidimensional, also relativ komplex. Das ist wahrscheinlich überall im Leben so: Angenommen, man möchte etwas lernen, das man nicht kann. Jetzt wäre es toll, wenn man einen Weg einschlagen könnte, der so verläuft wie ein gespanntes Seil: geradlinig und ohne Abweichungen. Nur sieht dieses Seil aber in Wirklichkeit aus wie ein Baum: verzweigt, verästelt, zwar alles in dieselbe Richtung zeigend, aber eben doch mitunter recht weit weg vom Stamm. Bewegt man sich beim Lernen also von unten nach oben, weicht man manchmal von der Ideallinie ab – erst ein Fehler in die eine Richtung (der Ast wächst nach „vorn") – danach macht man etwas total Gegensätzliches (der Ast wächst nach „hinten"). Man macht im Laufe seines Lebens eben Fehler. Das ist gut, das ist notwendig. Aus Fehlern lernt man. Idealerweise weichen diese Fehler nur leicht von der Ideallinie ab. Man macht beim Reiten alle möglichen Fehler. Man muss jedoch weder die Rollkur perfektionieren noch Pferde nur „durch die Kraft der Gedanken" reiten.

Je mehr Erfahrung man hat, desto leichter ist es, diese Abweichungen von der Ideallinie zu akzeptieren, das Gesamtziel dabei jedoch nicht aus den Augen zu verlieren. Das kann frustrieren, aber behalten Sie stets eins im Auge: *„Der Weg ist das Ziel"*. Und, noch eine oft zitierte Weisheit: *„Ein Leben reicht nicht aus, um Reiten zu lernen"*. Das ist wahr und deprimierend – andererseits heißt es, dass niemand so weit kommt, den „Stein der Weisen" zu entdecken. Auch das ist wahr und sehr beruhigend. Sehen wir also, wie weit wir auf unserem persönlichen Weg kommen.

> *„Nur ein Reiter, der sich nicht selbst belügt, für sich selbst nicht immer Entschuldigungen sucht und findet, sondern derjenige, der immer klar und unbeirrt der wirklichen Leistung gegenübersteht und mit unbezwingbarer Passion und Liebe zum Pferd und zur Reitkunst durchhält, kann nach langer mühevoller Arbeit seinem Ideal näherkommen. Die Erkenntnis eines wirklichen Reiters, dass er nie ausgelernt hat, ist es, die ihn für sein Leben dieser Kunst verschreibt."*
>
> (Richard Wätjen)

Klassische Arbeit
AM KAPPZAUM

Bis das Pferd eine gute Piaffe zeigt, vergehen schon mal einige Jahre. (Foto: Neddens Tierfotografie)

Um auf die Bewegungen zurückzukommen: Sie verändern sich je nach Können des Pferdes (das sich von Tag zu Tag hoffentlich eher verbessert als verschlechtert). So kann es zum Beispiel schon mal vier Jahre dauern, bis das Pferd eine wirklich gute Piaffe zeigt. Viele Pferdebesitzer kennen zwar die fertige Piaffe, wissen aber nicht um die vielen Stufen, die es bis dahin zu durchlaufen gibt. Ausbilder mit Erfahrung wissen, wohin eine Bewegung führen kann, loben das Pferd und brechen die Lektion ab, da sie wissen, dass dieselbe Lektion in zwei Tagen besser sein wird. Sie geben sich mit kleinsten positiven Veränderungen zufrieden – auch wenn der zuschauende Pferdebesitzer vielleicht sagt: „Aber das war doch gar nichts!". Der Unerfahrene wird versuchen, das Pferd zu höherer Leistung zu veranlassen, zu der es möglicherweise nicht in der Lage ist. Der hohe Druck wirkt sich negativ auf die Motivation des Pferdes aus und wirft beide, Pferd und Reiter, um Tage, vielleicht sogar Wochen zurück.

Ich erinnere mich in diesem Zusammenhang an eine Anfrage eines Pferdebesitzers, ob ich sein Pferd zum Anpiaffieren übernehmen würde und wie lange das dauern wird. Die Antwort: „Zweimal wöchentlich einige Minuten, voraussichtlich ein Jahr!" Das war dem Besitzer zu lange und er meinte, in der Nähe gäbe es andere Bereiter, die das schneller könnten.

Nach einem halben Jahr kam er wieder und teilte mir mit, dass das Anpiaffieren in einem Fiasko geendet hätte, das Pferd ließe nun jemanden mit einer Gerte nicht mehr in seine Nähe!

Wieder die Frage, ob ich das Pferd trotzdem übernehmen würde und wie lange es dauert. Antwort: „Ich übernehme es gerne. Es wird aber mindestens eineinhalb Jahre dauern."

In einem solchen Fall beginnt man nicht bei „Null", sondern bei „Minus".

Einer der unschätzbaren Vorteile an der „Spanischen" besteht unter anderem darin, dass man jedes Jahr die Möglichkeit hat zuzusehen, wie die fünfjährigen Hengste anpiaffiert werden, wie sich die Bewegung über Monate, Jahre verbessert, bis hin zu einer korrekten, kadenzierten, leichtfüßigen Piaffe, die ohne sichtbare Einwirkung immer wieder abgerufen werden kann. Ein unbeschreibliches Gefühl, so eine Piaffe! Wenn man also sieht, wie erfahrene Bereiter die Lektion nach einigen wenigen Tritten abbrechen, wie sollte man dann glauben, dass man es als junger, unerfahrener Reiter besser könnte? Diese Erfahrungswerte beziehen sich natürlich nicht nur auf die Piaffe, sondern auf jede einzelne Bewegung und jede einzelne Lektion.

ÜBER DIE AUSSTRAHLUNG

Jedes Pferd hat, bedingt durch sein Exterieur und sein Interieur, einen ihm eigenen Bewegungsablauf und eine individuelle Ausstrahlung. Es gibt Turnierpferde mit berühmten Ahnen und genialer Abstammung. Sie sind makellos gebaut, haben grandiose Gänge, sind vielfach prämiert und beherrschen ihre Aufgabe perfekt – und trotzdem könnte man als Zuschauer jederzeit aufstehen und weggehen, das „gewisse Etwas" fehlt. Dann gibt es die Pferde, die eher an einen „Koppelunfall" erinnern und die vom Gebäude her gar nicht in der Lage sein dürften, bestimmte Bewegungen auszuführen. Wenn diese Pferde das Viereck oder den Parcours betreten, können sie jedoch etwas ganz Besonderes ausstrahlen: „Ich kann es vielleicht nicht, aber ich versuche es! Lass uns beginnen! Wir schaffen es!" Bei solchen Vorführungen ist es unmöglich, den Blick abzuwenden. Eine solche Ausstrahlung zieht den Zuschauer in den Bann, man vergisst zu atmen, hat eventuell sogar Tränen in den Augen.

Schade, wenn man so etwas noch nicht erleben durfte.

Auch bei Reitern ist es nicht immer die äußere Form, die entscheidend ist. Manche sitzen wie im Lehrbuch abgebildet, vielleicht sogar so gestreckt, wie manche Richter es gerne sehen wollen *(Endnote 16)* – und trotzdem hinterlassen sie keinen bleibenden Eindruck. Andere sitzen unauffällig, praktisch, effizient, unspektakulär. Aber das Pferd-Reiter-Paar erinnert an einen Zentaur – Reiter und Pferd bilden einen Geist und einen Körper.

OHREN AUF!

Steht man in einer Reithalle, in der ein junges Pferd geritten wird, so braucht man es gar nicht immer zu sehen – man hört es. Ein solide bis zur Klasse S ausgebildetes Pferd jedoch kann praktisch knapp neben einem vorbeigaloppieren und dennoch fast unhörbar sein. Eltern kennen dieses Phänomen: Der Junior

Klassische Arbeit
AM KAPPZAUM

Viele unserer Gewohnheiten wirken sich auch auf das Reiten aus. Das Überschlagen der Beine (links) sorgt auf Dauer für einen Knick in der Wirbelsäule.

Haltungsfehler wie runde Schultern und verschränkte Arme können wir auf dem Pferd nicht plötzlich ablegen.
(Fotos: Neddens Tierfotografie)

kommt am Sonntagmorgen ins Zimmer, deutet mit Händen und Füßen an, dass er schon hinuntergehen möchte. Man sagt zu ihm: „In Ordnung, aber leise!" Daraufhin läuft er die Treppe hinunter und weckt alle noch schlafenden Familienmitglieder. Im Gegensatz dazu läuft ein Elternteil unhörbar die Treppe hinunter, obwohl es deutlich schwerer ist als das Kind. Wie kann das sein? Kinder beugen ihre Gelenke weniger, einigermaßen fitte Erwachsene schon. Dasselbe Phänomen sehen wir bei ausgebildeten Pferden: Ein Beugen der Hankengelenke (Hankenbeugung) führt zu Kadenz und Versammlung. Dazu ist eine andere Muskulatur notwendig und eine andere Technik als für Lektionen der Klassen A und L. Um diese Muskulatur und Koordination zu entwickeln, sind Wochen, Monate und Jahre korrekter Ausbildung notwendig.

VERWENDUNG DES KAPPZAUMS BEIM REITEN

WAS UNSER ALLTAG MIT DEM REITEN ZU TUN HAT

Reiten spielt in das „normale" Leben hinein, es überschneidet sich mit unserem Alltag. Viele ungesunde Gewohnheiten wirken sich negativ auf das Reiten aus.

Haltungsfehler (meist schlampige Angewohnheiten, für die es natürlich jede Menge Entschuldigungen gibt) wirken sich über den Sitz direkt auf das Pferd aus. Sitzt zum Beispiel jemand täglich bis zu acht Stunden vornübergebeugt vorm Monitor des Computers, wird er auch in der täglichen Reiteinheit nicht aufrecht sitzen können. Lümmelt ein Schüler stundenlang im Klassenzimmer an seinem Pult, gewöhnt er sich einen Rundrücken an.

Damen überschlagen gern elegant ihre Beine – ein Bein wird dabei bevorzugt. Der Oberschenkel dieses Beins wird im Laufe der Jahre stärker, was sich auf den englischen Sattel *(Endnote 17)* auswirkt. Die mit Füllmaterial gefüllten Kissen werden durch den Druck der Adduktoren verformt, es entstehen Dellen. Beim Nachpolstern werden diese Dellen wieder aufgefüllt. Setzt sich die Reiterin in gewohnter Manier wieder in den Sattel, so entsteht unter ihrem stärkeren Oberschenkel mehr Druck. Diesem Druck kann das Pferd nun weichen – es macht sich hohl; oder es „geht dagegen" – es macht sich fest. Keine dieser Reaktionen ist erwünscht. Würde frau im „richtigen" Leben die Beine nicht so oft überschlagen, könnte sie die Situation verbessern (dasselbe gilt natürlich auch für die Herren). Außerdem schadet sie sich selbst. Durch das Überschlagen der Beine stellt sich das Becken schief – der Körper gleicht dies aus, indem er seine Wirbelsäule im Lendenbereich in die eine

Konzentrationsübungen

Viele Reiter sind sich gar nicht bewusst, dass sie das eine oder andere Verhaltensmuster an den Tag legen – der Körper macht das „reflexartig". Diese Angewohnheiten einzudämmen oder abzulegen ist eine Konzentrationsübung. Und die hilft dem Reiter, seinen Körper wieder besser in den Griff zu bekommen.

Andere hilfreiche Konzentrationsübungen: Putzen Sie Ihr Pferd links und rechts symmetrisch. Halten Sie dazu Striegel und Kardätsche mal in der rechten, mal in der linken Hand. Wie kann ein Reiter vom Pferd verlangen, auf beiden Händen gleich gut zu sein, er selber jedoch nicht bereit ist, seine Geschicklichkeit zu verbessern? Dasselbe gilt fürs Aufsitzen (von links und rechts üben), Bügelverstellen, Zügelaufnehmen, Gertewechseln und ähnliches. Die damit erworbene Konzentrationsfähigkeit und verbesserte Geschicklichkeit wird Ihnen später helfen, Ihre Hilfen besser zu koordinieren und sehr komplexe Lektionen zu reiten.

Richtung, im Halsbereich in die Gegenrichtung kippt. Zwei Knicke in der Wirbelsäule, obwohl man meint, man sitzt gerade! Und das täglich in der Summe meist mehrere Stunden. Im Endeffekt nicht besonders gesund für die Wirbelsäule mit ihren Bandscheiben.

Klassische Arbeit
AM KAPPZAUM

Ein Tipp für die Reitlehrer: Behaupten Sie einfach, Beine überschlagen fördert die Bildung von Krampfadern. Das stimmt zwar nicht, hindert die Damen aber am effizientesten an ihrer Angewohnheit.

Grundlegendes für die Praxis

ANLEHNUNG AN KAPPZAUM ODER GEBISS

Die Verbindung von Pferdemaul oder -nase und Reiterhand wird als „Anlehnung" bezeichnet. Dazu gehört jedoch auch die Bereitschaft des Pferdes, nach vorne zu treten und sich vertrauensvoll an das Gebiss heranzudehnen. Das wird unter anderem durch eine flexible Halswirbelsäule erreicht. Das Gefühl, das der Reiter dabei vermittelt bekommt, sollte an das Spannen eines Gummibands erinnern. Dieses Gummiband kann sehr leicht, aber auch etwas fester sein. In der Regel wird sich dieses Gefühl immer wieder verändern – bei neuen Lektionen wird die Anlehnung etwas fester, bei routinierten Bewegungsabläufen leichter werden. Das Endziel ist eine sehr feine Anlehnung, die dem „Zügelgewicht" entspricht. Das gilt sowohl für die Arbeit auf Trense und Kandare als auch für die Arbeit am Kappzaum, egal ob an der Longe oder beim Reiten. Zu diesem Thema gibt es wissenschaftliche Arbeiten, etwa von Prof. Holger Preuschoft und von Dr. Parvis Falaturi.

Nicht zu verwechseln ist der Begriff der „Anlehnung" mit dem Begriff der „Beizäumung" – dabei wird der Pferdkopf mechanisch in Richtung Pferdebrust gezogen. Das kann immer mal wieder vorkommen, darf aber nicht alltäglich sein oder sich gar über einen längeren Zeitraum erstrecken. Zur Anlehnung gehört auch der Begriff der „Haltung", speziell der der „Selbsthaltung". Wird das Pferd in die Lage versetzt, sich körperlich wie geistig selbst zu tragen, hat der Reiter praktisch nichts in der Hand. Für viele Reiter ist dieses „Gewicht" zu leicht – sie empfinden es als Kontrollverlust. Stellen Sie sich aber vor, Sie würden beim Tanzen Ihren Partner genauso fest halten wie manche Reiter ihre Pferde. Tanzen würde sehr schnell aus der Mode kommen. (Ob das der Grund ist, warum in Deutschland deutlich weniger getanzt wird als in Österreich? Beim Tanzen wird übrigens der Begriff „Tuchfühlung" verwendet – nicht immer das, was man am

> „Wenn man das Pferd in die Haltung bringt, die es selbst annimmt, wenn es sich das schönste Ansehen geben will, so erreicht man, dass das Pferd des Reitens froh und prächtig, stolz und sehenswert erscheint."
>
> (Xenophon, griechischer Reitmeister, „Über die Reitkunst")

VERWENDUNG DES KAPPZAUMS BEIM REITEN

Tanzparkett sieht. Tuchfühlung bedeutet, dass „Tuch an Tuch" getanzt wird, die Hüfte des Partners also nicht wirklich fühlbar wird.)

EXTERIEUR UND INTERIEUR

Folgendes Konzept gilt sowohl für das Pferd als auch für den (menschlichen) Schüler: Bei der Ausbildung sind immer die körperlichen und geistigen Voraussetzungen des Schülers, also Exterieur und Interieur, zu beachten! Die einzelnen Punkte dürfen nicht isoliert voneinander betrachtet werden, sondern stehen immer im Verhältnis zueinander.

Körperlich und geistig gut ausgebildet, reagiert ein Pferd nicht nur auf die feinsten Hilfen, es nimmt gewisse Entscheidungen sogar vorweg. Lenkt der Reiter Geist und Körper des Pferdes, spricht man von „Durchlässigkeit".

DAS KORREKTE TREIBEN

Sobald man auf dem Pferd sitzt, kann man nicht „nicht treiben". Das Körpergewicht drückt bei jedem einzelnen Schritt, bedingt durch die Erdanziehung, auf den Pferderücken und gibt den Impuls *(Endnote 18)* für den nächsten Schritt – bei dem der nächste Impuls erfolgt. Der Reiter braucht also immer nur von einem Schritt zum nächsten zu „treiben". Seine Beine fallen einerseits an den schwingenden Pferdebauch heran, andererseits trifft eben dieser schwingende Pferdebauch das Bein des Reiters – und holt sich dadurch den Impuls für den nächsten Schritt. Schüler, die viel treiben, bitte ich, kurzfristig beide Beine über die Kniepauschen zu legen (ausgenommen bei jungen oder schreckhaften Pferden!).

Ist Ihr Pferd durchlässig?

Frage 1:

Stellen Sie sich vor, Sie wären 72 Jahre alt – könnten Sie Ihr Pferd mit Ihren dann vorhandenen körperlichen Voraussetzungen immer noch in derselben Qualität reiten? Wenn es durchlässig ist, schon.

Frage 2:

Ein vielleicht zwölfjähriges Kind sollte in der Lage sein, ein korrekt ausgebildetes Pferd ohne Schwierigkeiten in allen drei Grundgangarten vorzustellen – ohne Sporen, mit Beinen, die nicht länger sind als das Sattelblatt. Wenn ein Kind dies zustande bringt, sollte es für einen Erwachsenen ebenfalls möglich sein!

Früher (bis vor 20 Jahren) war es bei Bereitern üblich, Pferde, die sie einige Zeit in Beritt hatten, von jungen, gefühlvollen Mädchen reiten zu lassen. Konnte ein 16-jähriges Mädchen, das die Grundlagen der Reiterei beherrschte, dieses Berittpferd eine Viertelstunde lang in allen gewünschten Gangarten und Lektionen vorstellen, ohne atemlos und total verschwitzt auf dem Pferd zu sitzen, so konnte der Bereiter seine Arbeit als positiv betrachten.

Klassische Arbeit
AM KAPPZAUM

In den meisten Fällen gehen die Pferde einfach weiter – wozu also so viel treiben? Möchte man sich verausgaben, wäre es besser, auf ein Fahrrad umzusteigen. In der Regel sind gute Reiter faule Menschen. Würden sie sich gerne verausgaben, würden sie wandern oder Rad fahren!

Noch ein Hinweis: Pferde spüren das Gewicht einer Fliege. Angenommen, Sie wiegen 50 Kilogramm, wiegen Sie in der Gangart Schritt für das Pferd ebenfalls 50 Kilogramm. Bedingt durch die Wucht der Bewegung erhöht sich dieses Gewicht im Trab auf das Doppelte (100 Kilogramm), im Galopp auf das Dreifache, also 150 Kilogramm. Warum also zusätzlich zu diesem Gewicht auch noch permanent treiben?

HALBE PARADEN

Ein passender Zeitpunkt, um über die halbe Parade zu sprechen. Da Sitz und Bein sowieso immer wieder auf das Pferd einwirken, braucht sich der Reiter nur noch um seine Hände zu kümmern. Sinnvoll wäre es, wenn der Reiter das jeweils abfußende oder das auffußende Hinterbein mit seinem Zügelanzug erreichen würde. Eine halbe Parade ist nie eine isolierte Zügelhilfe, sondern das Zusammenspiel von Sitz, Bein und Hand, und zwar in dieser Reihenfolge. Das sagt aber noch nichts über die Intensität der Hilfen aus. Die Hilfen dienen der Kommunikation mit dem Pferd. Die Hilfe ist „durchgegangen", wenn das Pferd in der gewünschten Weise reagiert. Sie können, ja sollten sich im Millimeter- und Grammbereich bewegen. Der Reiter denkt, das Pferd führt aus. Und der Reiter sollte mit seinem Kopf denken, nicht mit seinem Bizeps.

GEFÜHL ENTWICKELN

Das Pferd bewegt sich dreidimensional. Die einzelnen Muskeln und Gelenke sind zwar alle an derselben Bewegung beteiligt, es macht jedoch nicht jedes Bein gleichzeitig mit den anderen dieselbe Bewegung (sieht man häufig in alten Zeichentrickfilmen), sondern zeitlich versetzt. So bewegt das Pferd im Schritt zwar jedes Bein von hinten nach vorne, jedoch immer etwas versetzt. Zusätzlich fühlt sich die Bewegung der Hinterbeine anders an als die der Vorderbeine. Für den Reiter ist gar nicht so einfach herauszufinden, wann welches Bein abfußt. Dass die Beckenbewegung des Reiters entgegengesetzt zu seiner Handbewegung ist, macht es auch nicht leichter. Auch die Aufforderung des Reitlehrers, nun „doch endlich das rechte abfußende Hinterbein zu fühlen", erweist sich meist nicht als hilfreich. Aber es hilft, wenn der Reitlehrer beim rechten abfußenden Hinterbein sagt: „Alles, was du jetzt fühlst, fühlst du, wenn das rechte Hinterbein abfußt." So kann der Schüler ein bestimmtes Gefühl speichern und im richtigen Moment darauf zurückgreifen.

REFLEXE DES REITERS

Reiten besteht zu einem Großteil aus reflexartigem Handeln. Reflexe können durch gezielte Wiederholung trainiert werden. Weiß man, wann man was wie und warum machen muss, erleichtert das das Reiten enorm. Es ist schwer zu glauben, dass viele Reiter beispielsweise

> die Fußfolge in einer Wendung um die Hinterhand nicht wissen,

> die Hilfen nicht kennen und
> ihren Körper nicht unter Kontrolle haben und sich einzelne Teile daher selbstständig machen oder sich aus der Angelegenheit sicherheitshalber gleich ganz heraushalten.

Ein gutes Ergebnis zu erzielen ist dann ungefähr so sicher wie ein Lottogewinn. Es kann gut gehen, sehr wahrscheinlich ist das aber nicht. Denn wenn die „Anweisungen" ungenau oder gar nicht gegeben werden, wie kann das Pferd dann verstehen, was der Reiter von ihm will? Also müssen wir lernen, wann was wie und warum zu machen ist. Das ist gar nicht so schwer und macht sogar Spaß! Schlecht ist nur, wenn wir etwas Falsches lernen: Reflexe kann man nie wieder von der Festplatte „Gehirn" löschen. Wir können maximal neue Reflexe installieren und diese öfter verwenden als die alten. Da funktioniert das Gehirn ein bisschen wie das Internet – je öfter eine Seite angeklickt wird, desto weiter oben wird sie in unserer Chronik gelistet. Ein Reflex ist eine Bewegung, die der Körper selbsttätig ausführt. Diese Bewegung kann durch einen äußeren Reiz hervorgerufen werden, etwa durch Schmerz. Die Installation dieses Reflexes bedarf selten einer Wiederholung. Ein Beispiel: Ihr Pferd steht am Putzplatz und döst vor sich hin. Sie treten von hinten an es heran, ohne es anzusprechen, und klopfen ihm freundschaftlich auf die Kruppe. Das Pferd erschrickt – und schlägt reflexartig nach Ihnen. Ich bin überzeugt, diese Erfahrung möchten Sie kein zweites Mal machen. In Zukunft werden Sie Ihr Pferd ansprechen und so an es herantreten, dass es Sie im Blickfeld hat. Anders verhält es sich mit Bewegungen, die Sie selbst abrufen möchten.

Eins bedingt das andere

Je besser der Reiter sitzt, desto besser fühlt er die Pferdebewegung und desto besser kann er einwirken.

Je besser er einwirkt, desto besser sitzt er, desto besser fühlt er.

Je besser er fühlt, desto besser kann er einwirken, desto besser kann er sitzen.

Eins bedingt das andere. Man kann nicht erst eines lernen, dann das andere. Den Sitz etwas zu verbessern fördert das Gefühl und damit die Einwirkung – ein ewiger Kreislauf ...

Wird dieselbe Bewegung 700- bis 1000-mal wiederholt, kann der Körper sie speichern und bei Bedarf selbsttätig abrufen. Beispiel: Sie stehen neben einem Tisch, darauf steht nahe am Rand eine Tasse. Jemand streift diese beim Vorübergehen, sie fällt herunter. Sie erkennen die Bewegung der fallenden Tasse aus dem Augenwinkel, Ihr Arm schnellt selbsttätig nach vorn und Sie fangen die Tasse, bevor sie am Boden zerschellt. Meist wundert man sich im Nachhinein, wie das funktioniert hat. Ein Reflex, den jeder von uns schon in der einen oder anderen Form erlebt hat.

Anderes Beispiel: Ein Kind lernt Tischtennis zu spielen. Der Lehrer spielt ihm den Ball passend auf den Schläger, das Kind trifft den Ball, schlägt ihn irgendwohin. Jeder ist froh, dass der Ball überhaupt getroffen wurde. Später wechselt der Lehrer die Flugrichtung des Balles, schlägt ihn abwechselnd nach rechts, links, rechts. Das Kind muss sich schneller bewegen, verändert seine gesamte

Klassische Arbeit
AM KAPPZAUM

Körperposition und trifft trotzdem. Später reicht es nicht mehr, den Ball nur zu treffen, es wird gefordert, ihn in eine bestimmte Richtung zurückzuschlagen. Sieht man Profis bei einem Match zu, ist der Ball kaum auszumachen, so schnell ist er unterwegs. Jeder der Spieler hat den Ball unter Kontrolle. Der eigene Körper reagiert schneller, als man denken kann – man reagiert reflexartig.

Versuchen Sie jemandem zu erklären, wie man angaloppiert. Sie stellen sich hin, kippen ihr Becken und schließen leicht eine Faust. Ein Anfänger sieht nicht mal, welche Bewegungen Sie gleichzeitig machen, nachmachen kann er sie schon gar nicht. Für Sie ist es ein Reflex, bei dem der Körper mehrere Bewegungen gleichzeitig ablaufen lässt. Je besser der Reiter seinen Körper unter Kontrolle hat, je genauer er weiß, wann er was machen soll, desto leichter kann er komplexe Bewegungsabläufe mit der Bewegung des Pferdes koordinieren. Jeder sammelt „seine" Erfahrungen. Sie sind einmalig und kommen in dieser Kombination bei keinem anderen vor. Daraus ergibt sich Ihr Können. Richtig, das heißt im Endeffekt, dass nicht jeder auf dieselbe Art und Weise reitet.

Gebisslos reiten mit Kappzaum

Eins vorweg: Zäume und Gebisse sind nur Werkzeuge. Je besser man darüber Bescheid weiß, je besser man sie handhaben kann, desto wirkungsvoller und effizienter kann man sie einsetzen.

Die meisten Reiter vergessen (oder wissen gar nicht), dass ihr Pferd am Kappzaum die Grundausbildung erhalten sollte beziehungsweise erhalten hat. Diese Grundausbildung könnte man hin und wieder auffrischen. Viele Menschen machen gewisse Dinge so, „wie sie es gelernt haben" oder so, „wie sie es immer tun".

Die meisten Reitanfänger bei uns in Deutschland, Österreich oder der Schweiz lernen Reiten unter Verwendung eines Gebisses.

Sie kennen nichts anderes. Schaut man jedoch über den Tellerrand hinaus, wird man feststellen, dass es viele Reitweisen gibt, die ohne Gebiss auskommen.

Viele Reiter verbinden mit Gebiss Kontrolle, fühlen ohne Gebiss einen Kontrollverlust. Das sehen manche Versicherungsgesellschaften ähnlich und lehnen es ab, gebisslos gerittene Pferde zu versichern. In der Praxis kann man ein schlecht ausgebildetes, panisches Pferd weder mit noch ohne Gebiss unter Kontrolle bringen …

ANREITEN EINES JUNGEN PFERDES

Beim Reiten mit Kappzaum werden die Zügel in die seitlichen Ringe geschnallt. Die Art und Weise der Einwirkung entspricht der unter Verwendung eines Gebisses. Da das Pferd auf dem Nasenrücken sehr empfindlich ist, sollte die Einwirkung möglichst leicht sein und sich auf „Impulse" beschränken. Diese können ja öfter gegeben werden, ein ständiges Ziehen am Zügel jedoch ist zu vermeiden („Impulsreiterei"). Für das Pferd ändert sich von der Einwirkung über den Zügel nicht wirklich viel, da es ja durch das Führen und die Arbeit an der Longe mit den Zügelanzügen vertraut gemacht wurde.

Beim Anreiten werden die Zügel zunächst in die seitlichen Ringe des Kappzaums eingeschnallt. (Foto: Neddens Tierfotografie)

VERWENDUNG DES KAPPZAUMS BEIM REITEN

Klassische Arbeit
AM KAPPZAUM

Der gravierende Unterschied zu dieser vorangegangenen Arbeit besteht für das Pferd darin, dass es zusätzlich das Gewicht des Reiters tragen muss. Viele Reiter reiten gebisslos bewusster mit den Gewichtshilfen und sie schauen auch wieder nach vorn (viele Reiter gewöhnen sich an, immer auf den Pferdehals zu schauen, sodass sie oft andere Reiter im Viereck glatt übersehen).

ANDERE EINSATZMÖGLICHKEITEN

Pferde, die sich eine Zungenverletzung zuziehen (das kann bereits in der Box passieren), werden in der Reha gebisslos geritten, um die verletzte Zunge zu schonen – meist mit mehr Gewicht in der Hand, als man sie vorher geritten hat. Das ist völlig unnötig, da der Nasenrücken nicht weniger sensibel ist als das Maul. Pferde haben auf dem Nasenrücken mehr sensorische Punkte als ein Mensch in seiner Hand. Durch einen permanenten hohen Druck stumpft das Pferd ab und es kann im Unterhautbindegewebe zu Veränderungen kommen. Die Sensibilität wird dadurch stark vermindert. Reitet man gebisslos, sollte die Anlehnung sogar leichter sein als mit Gebiss, die Dauer der Einwirkung kurz, ein „Impuls" eben. Auch verrittene Pferde, etwa Fahrpferde, die mit zu viel „Anlehnung" gefahren wurden, oder einfach Pferde, die regelmäßig falsch geritten wurden, können mit gebissloser Reitweise wieder rehabilitiert werden.

Werden Pferde, die normalerweise immer auf Gebiss geritten werden, mal gebisslos geritten, zeigt es sich, dass Reiter mit mehr Gefühl reiten, sich mehr auf Sitz und Schenkeleinwirkung verlassen und weniger auf die Hand. Für alle Beteiligten eine Bereicherung.

Kappzaum und Trensengebiss

Bei einer „normalen" Ausbildung wird die junge Remonte erst gebisslos (mit Kappzaum) anlongiert und erst beim Anreiten mit dem Gebiss vertraut gemacht. Im Verlauf der Ausbildung kann es notwendig oder wünschenswert sein, das Pferd an ein Gebiss zu gewöhnen *(Endnote 19)*. Dazu wird sowohl der dem Pferd bereits bekannte Kappzaum als auch ein Gebiss verwendet, beide jeweils mit einem separaten Zügelpaar. In unserem Kulturkreis wird es eine Trense sein, in Südwesteuropa und Nord- und Südamerika wird gern direkt ein Stangengebiss verwendet. Begonnen wird mit der Führung am Kappzaumzügel, später kommt das zweite Zügelpaar dazu, um dann alleinige Verwendung zu finden.

Kappzaum und Kandarengebiss

DIE ENTWICKLUNG DER KANDARE

Die heutige Kandare ist ein ungebrochenes Gebiss, also eine Stange.

Vorläufer waren die Hebelstangengebisse. Diese hatten lange Anzüge und wurden mit einer Kinnkette verwendet.

Um das Pferd an das Gebiss zu gewöhnen, werden die Zügel in Kappzaum und Trense eingeschnallt. (Foto: Neddens Tierfotografie)

VERWENDUNG DES KAPPZAUMS BEIM REITEN

Klassische Arbeit
AM KAPPZAUM

Die Verbindung des Mundstücks mit den Anzügen war beweglich. Aus den Hebelstangengebissen hat sich die Stange entwickelt. Der Begriff „Kandare" wird neusprachlich für „Stange" verwendet (Kandare schreibt man übrigens nur mit einem „r"). Sie besitzt ein ungebrochenes Mundstück, das fest mit den Anzügen (Oberbaum, Unterbaum) verbunden ist. Sie wird ebenfalls mit einer Kinnkette verwendet.

Die Verwendung der Kandare setzt einen unabhängigen Sitz und eine weiche, einfühlsame Hand voraus. Die Umstellung erfolgt langsam und schonend. Kommt es bei der Einwirkung mit der Stange zu Widerständen, wird wieder mehr auf den Kappzaum zurückgegriffen.

WIRKUNGSWEISE DER KANDARE

Die Kandare ist ein ungebrochenes Gebiss, das über Anzüge (Oberbaum und Unterbaum) verfügt. In Verbindung mit der Kinnkette, die mittels Kinnkettenhaken an den Oberbäumen befestigt wird, ergibt sich eine Hebelwirkung, die sich nach der Länge der Bäume und dem Verhältnis von Ober- zu Unterbaum richtet. Eine Stange mit einem Verhältnis Oberbaum zu Unterbaum von 1:2 ergibt einen Multiplikationsfaktor von 4. Das heißt, wirkt der Reiter mit 2 Kilogramm ein, findet sich im Pferdemaul ein Gewicht von 8 Kilogramm wieder. Wirken 10 Kilogramm ein, so beträgt das Gewicht im Pferdemaul 40 Kilogramm.

Zügelzugmessungen unter wissenschaftlicher Aufsicht gibt es schon lange und sie werden immer wieder durchgeführt. Bei näherem Interesse informieren Sie sich bitte bei Dr. Holger Preuschoft (Universität Bochum), Fritz Stahlecker, Dr. Peter Wittmann oder Friederike Uhlig (Veterinärmedizinische Universität Wien).

Wird der Stangenzügel angestellt, wird der Oberbaum nach vorne gezogen und stellt dabei die Kinnkette an, die nun gegen den Unterkiefer drückt. Da sich im Maul das Mundstück befindet, werden Unterkieferknochen und Zunge zwischen Mundstück und Kinnkette eingeklemmt, bei höherer Einwirkung gequetscht. Reiter sollten also unbedingt über den oben schon erwähnten unabhängigen Sitz und eine gute, weiche Hand verfügen sowie über die geistige Reife, mit diesem Werkzeug zu hantieren. Man spricht auch von „Kandarenreife".

Sie wird auch beim Pferd vorausgesetzt. Das heißt, das Pferd soll in der Lage sein, sich selbst zu tragen und die feinen Hilfen des Reiters, sowohl des Sitzes als auch die der Hand, umsetzen können. Die Verwendung einer Kandare setzt bei Reiter und Pferd also ein höheres Können voraus. Eine Kandare ist nicht zum Bremsen gedacht.

Der Reiter kann damit vielmehr die Haltung des Pferdes verändern: Der Kappzaum (wie auch die Trense) können, immer in Verbindung mit dem Sitz, ein Pferd aufrichten, die Stange zäumt es bei. Je nach Zügelführung wirkt die Stange unterschiedlich. Der auf Kandare noch unerfahrene Reiter wird mit der geteilten Zügelführung 2 : 2 beginnen.

Diese Zügelführung wird auch beim auf Stange unerfahrenen Pferd verwendet, beim Springen (über Hindernisse) und bei den Schulsprüngen Kapriole und Courbette. Eine andere geteilte Zügelführung ist jene nach Fillis. Danach wird der Reiter zu 3 : 1 wechseln. Das Endziel ist dann, auf blanker Stange einhändig zu reiten. Jede Zügel-

VERWENDUNG DES KAPPZAUMS BEIM REITEN

Der mit der Kandarenzügelführung wenig vertraute Reiter wird mit der 2 : 2-Zügelführung beginnen. dem Verhältnis von Ober- zu Unterbaum richtet

führung hat ihre Einsatzmöglichkeiten. Je mehr Möglichkeiten der Zügelführung dem Reiter zu Verfügung stehen, desto leichter kann er dem Pferd helfen.

An der Spanischen Hofreitschule ist es üblich, die Hengste bis Ende Klasse M (also inklusive fliegendem Galoppwechsel) auf Trense auszubilden. Erst danach werden sie auf Stange geritten und weiter ausgebildet. „Alle Gänge und Touren" beherrschen sie „erst" mit etwa zwölf Jahren, werden dann allerdings meist bis zu ihrem 25. Lebensjahr eingesetzt.

Klassische Arbeit
AM KAPPZAUM

Eine weitere Variante ist die Fillis-Führung.
Geübte Reiter sollten zur 3 : 1-Zügelführung wechseln. (Fotos: Neddens Tierfotografie)

VERWENDUNG DES KAPPZAUMS BEIM REITEN

Einhändig auf blanker Kandare zu reiten ist das Endziel. (Foto: Neddens Tierfotografie)

Klassische Arbeit
AM KAPPZAUM

Die heutige Pferdezucht bringt eher selten Pferde mit gravierenden Gebäudemängeln hervor. (Foto: Anastasija Popova)

KAPPZAUM ODER BOSAL IN VERWENDUNG MIT KANDARE

Für diese Kombination gilt dasselbe wie für Kappzaum und Stange. Beim Westernreiten (kalifornische Reitweise) wird das Pferd vollständig mit dem gebisslosen Bosal ausgebildet, bevor es, ohne Verwendung einer Trense, auf Stange (Spade Bit), umgestellt wird. Interessant ist die Tatsache, dass die Ausbildung zum Bridle Horse ebenfalls ungefähr sieben Jahre dauert. Auch diese Pferde werden in etwa bis zum 25. Lebensjahr zur Arbeit eingesetzt.

KAPPZAUM UND TRENSE ODER STANGE IN KOMBINATION MIT SCHLAUFZÜGELN

Von jeher gab es verschiedenste Versuche mit verschiedensten Kombinationen. Um zusätzlich zum Gebiss verstärkt auf die Nase des Pferdes einwirken zu können, bediente man sich eines Kappzaums mit langen Dornen, die die Hebelkraft auf die Pferdenase verstärkten. Bei einseitigen Problemen wurde zusätzlich *ein* Schlaufzügel verwendet. (Ein herkömmlicher Schlaufzügel besteht grundsätzlich aus einem linken und einem rechten Zügel. Auch „ein" Trensen- oder Kandarenzügel besteht aus jeweils zwei Zügeln.) Je höher das Können des Reiters, desto weniger wird er auf Hilfszügel zurückgreifen müssen.

Mit den qualitativ hochwertigen Pferden der heutigen Zucht sollte die Verwendung der Schlaufzügel eigentlich nicht mehr notwendig sein. Zur Erinnerung: „Wo das Können aufhört, beginnt die Gewalt." Damalige Pferde waren noch nicht so „durchgezüchtet" wie unsere heutigen. Sie waren oft überbaut, ganascheneng, hatten einen kurzen, tief angesetzten Hals, einen Hirsch- oder Schwanenhals oder andere Gebäudemängel. Diese wirken sich nicht nur auf die Ästhetik aus,

Kappzaum und Kandare auf Westernart: Bosal mit Spade Bit. (Fotos: Desmond O'Brien)

VERWENDUNG DES KAPPZAUMS BEIM REITEN

sondern auch auf die Rittigkeit: Ganaschenenge Pferde kann man nicht beizäumen. Verlangt man Beizäumung, drücken die Ganaschen auf den Kehlgang, was für das Pferd sehr unangenehm und somit kontraproduktiv für die Motivation ist. Das Genick muss, der Ausbildung entsprechend, in der richtigen Höhe bleiben, jedoch ein oder zwei Zentimeter weiter nach vorne gebracht werden als bei einem Pferd mit idealem Exterieur. Dann hat das Pferd die Möglichkeit, im Genick nachzugeben, ohne dass die Ganaschen auf den Kehlgang drücken. Das setzt voraus, dass das Pferd an das Gebiss herantritt.

Solch schwieriges Exterieur gibt es heute sehr viel seltener. Damals hat man sich kurzfristig der Hilfszügel bedient. War das Ziel erreicht, musste es ohne Hilfszügel erhalten werden können. Aber auch damals gab es Könner und Ausbilder, die es besser unterlassen hätten, mit Hilfszügel zu arbeiten. Auch sollte man nicht vergessen, dass es Zeiten gegeben hat, wo in kurzer Zeit viele Pferde für den Kriegsdienst „tauglich gemacht" werden mussten. Wir sprechen hier von Tausenden von Tieren. Nicht alle verfügten über das notwendige Exterieur, nicht alle eingezogenen Soldaten über das reiterliche Können. Trotzdem sollten Pferd und Reiter die Chance haben, heil wieder aus einem Gefecht zurückzukommen! Das war auf rittigen Pferden leichter als auf unrittigen ...

Vom Kappzaum bis zur blanken Stange

Die blanke Kandare einhändig führen zu können ist das Ziel jeder Dressurausbildung. Diese Zügelführung setzt einen absolut unabhängigen Sitz voraus, eine ruhige Hand und Wissen um das Wie, Wann und Warum der Hilfengebung.

Dressurmäßiges Reiten entstand aus der Notwendigkeit, zu Pferd zu arbeiten (Gebrauchsreiterei, Arbeitsreitweise) und eine Hand für andere Tätigkeiten frei zu haben: Rinder zu treiben, einzelne Tiere auszusortieren (mit Garrocha oder Rope), Zauntore vom Pferd aus zu öffnen und zu schließen und so weiter.

Auch in der Kriegsreiterei war es notwendig, eine Hand für den Gebrauch der Waffe frei zu haben. Waren Kriegspferde nicht gut ausgebildet, waren die Überlebenschancen für den Soldaten sehr gering. Reiten war eben kein Selbstzweck ...

In seinem Buch „*Die Reitkunst im Bilde*" (Olms Verlag, 1982) versteht es Ludwig Koch einzigartig, dieses Gebrauchsreiten darzustellen. Oft sind Reiter abgebildet, die ihr Pferd einhändig auf Stange reiten. Ob Bereiter der Spanischen Hofreitschule, säbelschwingende Offiziere in der Attacke, Cowboys, Indianer, Csikós, Barockreiter, Damen im Damensattel oder grüßende Herren zu Pferde: Jedes Bild ist ein Kunstwerk für sich. Situationen werden dargestellt, an die der Leser der heutigen Zeit nicht denkt.

Der Autor reitet auf blanker Kandare, einhändig geführt. (Foto: Neddens Tierfotografie)

VERWENDUNG DES KAPPZAUMS BEIM REITEN

Klassische Arbeit
AM KAPPZAUM

PFLEGE
des Kappzaums

Es gibt viele Möglichkeiten, Leder zu pflegen. Man sollte sich in Erinnerung rufen, was Leder eigentlich ist; nämlich Haut. Was macht der Mensch, wenn er schmutzige, trockene, rissige Hände hat? Er wäscht sie, vorzugsweise mit warmem, sauberem Wasser. Er verwendet Seife, um den Schmutz leichter zu entfernen. Dann spült er seine Hände nochmal ab und trocknet sie mit einem Handtuch. Bei Bedarf gibt er noch ein wenig gute Handcreme auf seine Hände und massiert sie ein.

Sattelseife versus Öl

Dasselbe gilt für Leder: Es sollte mit warmem, sauberem Wasser abgewaschen werden, am besten mit einem Schwamm. Einerseits wird so der Schmutz gelöst, andererseits öffnen sich die Poren der Haut und nehmen so viel Feuchtigkeit auf, wie nötig ist. Sattelseife ist schmutzlösend. Hochwertige Sattelseife enthält rückfettende Substanzen, die in die geöffneten Poren eindringen und das Leder geschmeidig erhalten. Überflüssige Sattelseife wird beim Polieren mit einem Tuch (etwa einem Frotteehandtuch) entfernt.

Durch die entstehende Reibungswärme wird zusätzlich das Eindringen der Wirkstoffe in das Leder unterstützt.

Öl sollte nicht verwendet werden, da es die einzelnen Lederfasern ummantelt. Dadurch wird Leder oft weicher, es verzieht sich, wird gedehnt und verliert die Stabilität.

Beschläge (Schnallen) sollten Sie mit warmem Wasser abspülen und mit einem trockenen Tuch

Ob Kappzaum oder Sattel – Leder wird idealerweise mit einem Schwamm mit warmem Wasser und Sattelseife gepflegt. (Foto: petert2/Fotolia.com)

polieren. Für Messingschnallen gibt es spezielle Messingputzpasten im Handel.

Gut gepflegte Zäume halten länger, sind für Pferd und Mensch angenehmer auf der Haut und erfreuen den Besitzer. Das Gleiche gilt selbstverständlich auch für Sättel und Geschirr, Bandagen und Sattelunterlagen, aber auch für Reitstiefel und -stiefeletten!

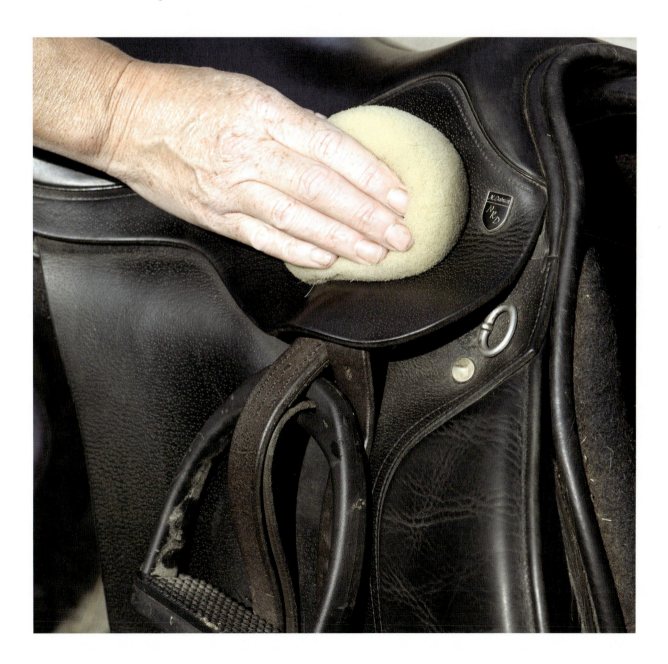

Klassische Arbeit
AM KAPPZAUM

(Foto: Neddens Tierfotografie)

DER MASSGEFERTIGTE KAPPZAUM: *Hinweise für den Sattler*

Wir bekommen zunehmend Anfragen von Kunden, die einen maßangefertigten Kappzaum für ihr Pferd herstellen lassen wollen. Leider schaffen wir es mittlerweile nicht mehr, alle angefragten Kappzäume zu fertigen. Deshalb habe ich mich entschieden, in diesem Buch eine Anleitung für den Sattler zu veröffentlichen. Theoretisch kann jeder ausgebildete Sattler auf dieser Grundlage Ihren Wunsch-Kappzaum herstellen.

Fakten zu den Einzelteilen

LEDER UND BESCHLÄGE

Zaumleder: Rind, vegetabil; 4-4,5 mm
Polsterleder: Rind, vegetabil; 1-1,2 mm
Bei den *Beschlägen* empfiehlt es sich, auf hochwertige Qualität zu achten! Erfahrungsgemäß haben sich englische Rollschnallen bewährt. Das Material könnte man eventuell passend zum Kappzaumeisen wählen. (Reine Messingschnallen sind weicher als Schnallen aus Edelstahl!)

DAS KAPPZAUMEISEN

Das Kappzaumeisen sollte aus geschmiedetem Stahl bestehen und bombiert werden. Die Ringe innen müssen korrekt vernietet werden, weil es durch einen plötzlichen, kurzen Zug zu hohen Krafteinwirkungen kommen kann. Bei unsachgemäßer Vernietung können sich dann die Ringe lösen. Das Eisen kann vom Kunden auf verschiedene Arten verlangt werden:

Möchte er es blank (was selten vorkommt), sollte man die Kanten leicht brechen. Sonst hat es eine zu scharfe Wirkung auf den Nasenrücken! Manche Kunden wollen, dass das Eisen mit Leder überzogen wird, aber keine Unterlage (Polsterl): Nutzen

Klassische Arbeit
AM KAPPZAUM

Sie hier Polsterleder. Die Naht sollte mit Schwertstichen außen angebracht sein, damit kein Druck auf die Nase entsteht.

Möchte der Kunde den Kappzaum mit Polsterleder überzogen und mit einer Unterlage (Polsterl) unterlegt, sollte die Naht direkt am Eisen innen sitzen und die an der Unterlage außen. Die Unterlage fällt je nach Aufgabenstellung und Sensibilität des Pferdes mehr oder weniger stark aus (in der Regel eine 3-bis-4-Millimeter-Filzeinlage).

UMLAUFRIEMEN ODER BACKENSTÜCKE

Des Weiteren kann der Kunde wählen, ob er *einen* Umlaufriemen und *ein* Backenstück oder ein *Genickstück und zwei Backenstücke* möchte: Bei zwei Backenstücken verdoppelt sich die Anzahl der Löcher beim Verschnallen. Der Kappzaum kann also leichter für unterschiedlich große Köpfe verwendet werden. Diese Variante ist für Reitlehrer, Bereiter und Besitzer mehrerer Pferde zu empfehlen.

AUSSERDEM ZU BEACHTEN

Bei den *Backenstücken* sollte die Schnalle in Höhe des hinteren Augenbogens angebracht sein. Hier ist es wichtig zu erfragen, ob der Kunde den Kappzaum hannoversch oder englisch verschnallen will oder muss (Länge der Maulspalte!). Daraus ergeben sich unterschiedlich lange Backenstücke.

Der *Ganaschenriemen* sollte schräg eingenäht werden, also vom hinteren Augenbogen in Richtung des unteren Endes der Ganaschen.

Beim *Kinnriemen* ist zu beachten, dass der Schnallenstößl links am Kappzaumeisen angebracht wird. Die Kinnriemenstrippe lässt sich dadurch bequemer verschnallen.

Die *Riemen* werden generell um einen Millimeter schmaler zugeschnitten, als die innere Lichte der jeweiligen Schnalle beträgt. Die Löcher sollte man von innen schlagen, damit der Dorn leichter in das Loch gleiten kann. Die Kanten sollten gebrochen werden (außen 1er, innen 3er). Das ist für das Pferd angenehmer auf der Haut, für den Reiter gefällig beim Anfassen.

Maßangaben

Die Angaben entsprechen einem Pferd von mittlerer Größe. Je genauer die dem Sattler vorliegenden Maße sind, desto besser passt das Produkt dem Pferd und desto effizienter kann der Pferdebesitzer mit dem Kappzaum arbeiten. Es macht also Sinn, dem Sattler einige Tage Zeit zu geben, um einen „Kappzaum nach Maß" herzustellen, statt einen nicht passenden „von der Stange" zu kaufen. Die Investition lohnt sich, da man den Kappzaum ein Leben lang verwenden und theoretisch sogar an die nachfolgende Generation vererben kann.

Die Angaben sind beispielhaft und entsprechen einem Pferd von mittlerer Größe. Lassen Sie Ihren Sattler bei Ihrem Pferd Maß nehmen.

DER MASSGEFERTIGTE KAPPZAUM: HINWEISE FÜR DEN SATTLER

	GENICKSTÜCK	BACKENSTÜCK	GANASCHENRIEMEN: SCHNALLENTEIL	STRUPFE	KINNRIEMEN: STÖSSL	STRUPFE	UNTERLAGE
SCHLAUFENBREITE		12	10		8		
ANZAHL DER LÖCHER		5		7		7	
LOCHABSTAND		30		20		15	
LÄNGE DER SPITZE		90		65		30	
UMSCHLAG		65/60	50			50	
BREITE	25	25	20	20	18	18	85
LÄNGE	830	240	400	250	100	280	310
BREITE DER SCHNALLE		26	21		19		

Klassische Arbeit
AM KAPPZAUM

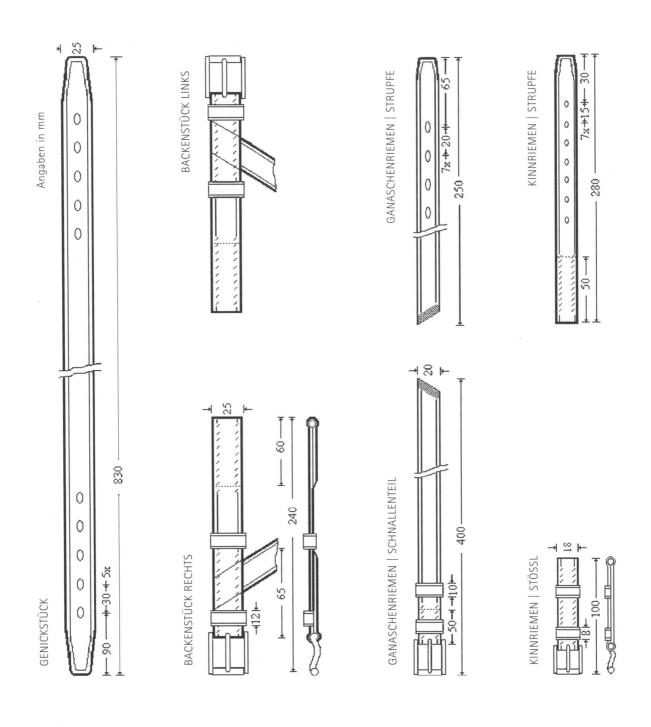

Werkzeichnung für die Herstellung eines Kappzaums für Ihren Sattler.

DER MASSGEFERTIGTE KAPPZAUM: HINWEISE FÜR DEN SATTLER

WERKZEICHNUNG

Diese Werkzeichnung bezieht sich auf die Angaben aus der Tabelle und kann Ihrem Sattler als Vorlage dienen:

KAPPZAUMEISEN-ÜBERZUG

Es gibt verschiedenste Möglichkeiten, Kappzaumeisen zu überziehen oder eine Unterlage herzustellen. Eine Variante ist, das Polsterleder mit Dispersionskleber auf den Filz zu kleben und an der Vorderseite mit Schwertstichen zu vernähen. Danach wird das Polsterl faltenfrei zum Trocknen auf eine halbrunde Form gespannt.

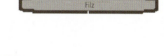
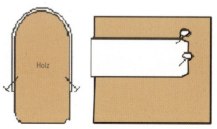
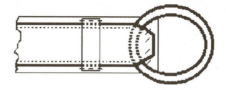

Eine Variante, ein Kappzaumeisen zu überziehen.

KAPPZAUMEISEN-ÜBERZUG

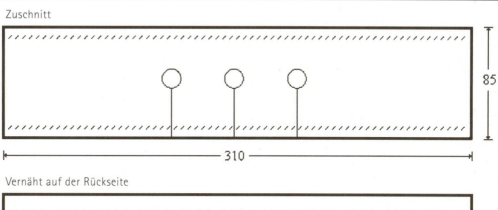

Werkzeichnung für den Zuschnitt für einen Kappzaumeisenüberzug.

Klassische Arbeit
AM KAPPZAUM

UNTERLAGE-ÜBERZUG

Zuschnitt

Filz, Weiß, 4 mm

Vernäht, Vorderseite

Werkzeichnung für den Zuschnitt der Unterlage.

Individuelle Führzügel

Ihr Sattler kann auch den Führzügel nach Ihren Wünschen fertigen.

Die Breite der Zügelgurte richtet sich nach der Fingerlänge des Kunden, maßgeblich sind das zweite und dritte Glied der Ringfinger. In der Praxis bedeutet das bei Männern eine Breite von bis zu 23 Millimetern, bei Damen variiert die Breite zwischen 14 und 18 Millimetern. Der Kunde muss den Führzügel gut handhaben können. Ist er zu breit, ist er unangenehm zu halten und die Einwirkung wird zu ungenau.

Die übliche Länge des Führzügels beträgt 1,50 Meter. Davon entfallen 200 Millimeter auf die Schlaufe, 30 Millimeter davon sind wiederum abgenäht. Eine Schnallstrupfe aus Leder hat sich besser bewährt als ein eingenähter Karabiner. Idealerweise sollte die Schnalle den Kappzaumschnallen entsprechen. Aus derselben Zügelgurte können auch Sprunglongen (4 bis 5 Meter), Longen (7 bis 9 Meter), Doppellongen (12 bis 18 Meter) und Lange Zügel (je nach Pferdegröße und -länge) hergestellt werden. Jeder Sattler kann Zügelgurte in verschiedenen Breiten beziehen!

Werkzeichnung für den Führzügel.

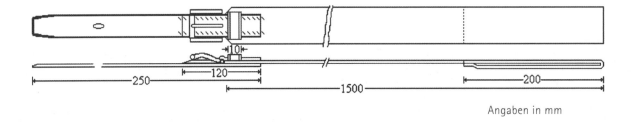

Angaben in mm

DER MASSGEFERTIGTE KAPPZAUM: HINWEISE FÜR DEN SATTLER

Führzügel können farblich passend und in Breite und Länge ganz nach Wunsch hergestellt werden.

So wird ein Führzügel aufgerollt.
(Fotos: Desmond O'Brien)

Klassische Arbeit
AM KAPPZAUM

ANHANG

Danke

Jetzt ist der Zeitpunkt gekommen, mich bei meiner Gattin Heike zu bedanken.

Ich hatte das Glück, eine Frau kennenzulernen (bei einer Sattlertagung – wo sonst), die selbst Sattlermeisterin und Trainerin B ist. Sie ist eine begeisterte und interessierte Reiterin, die sich mit vielen Aspekten des Reitens beschäftigt. Besser konnte ich es gar nicht treffen, oder? Vielleicht findet ein Außenstehender unsere Gesprächsthemen ein wenig einseitig, wir jedoch sind damit glücklich und zufrieden. Heike führt unseren Betrieb zu Hause (Reitschule und Sattlerei), bildet Pferde aus, nimmt Satteltermine wahr, verwaltet meine Termine und unterstützt mich auf jede erdenkliche Weise. Vielen Dank, liebe Heike!

Heike und mein Stiefsohn Johannes haben mir sehr bei diesem Buch geholfen. Heike bei fachlichen Fragen, speziell mit den „deutschen" Fachausdrücken, Johannes bei der Bildbearbeitung der Kappzaum-Modelle. Manchmal macht es ja doch Sinn, wenn die Jugend sich intensiv mit dem Computer und deren Programmen beschäftigt.

Heike und Desmond O'Brien mit Stute Matthilde. (Foto: Neddens Tierfotografie)

ANHANG

Endnoten

ENDNOTE 1: „SCHULPFERDE"

„Schulpferde" sind Pferde, die einem jungen, unerfahrenen Reiter ein bestimmtes Gefühl vermitteln, nämlich wie sich Reiten wirklich anfühlt! Zusätzlich reagieren sie auf die richtigen Hilfen sehr leicht und korrekt und fördern so das Selbstbewusstsein des Schülers und sein Vertrauen in seinen Sitz und seine Einwirkung. Leider gibt es diese Art „Schulpferde" nur sehr selten. Die wenigen guten Pferde, die zur Verfügung gestellt werden, sollten geschätzt und respektiert werden. Diese Pferde sind die eigentlichen „Reitlehrer" – die Menschen, die im Viereck stehen und die Bemühungen der Schüler kommentieren, sind nur Dolmetscher! Nur das Pferd kann einem Schüler das „Gefühl" vermitteln.

ENDNOTE 2: „FERNGESTEUERT"

Der Reitlehrer gibt dem Reiter Kommandos und das Pferd führt diese oft schneller aus als der Reiter. Sei es beim Wechsel der Gangarten oder beim Beenden einer Lektion. Beim Kommando: „Vorbereiten zum Galopp" galoppiert das Pferd, noch während der Reiter nachdenkt, was er jetzt eigentlich tun sollte. Pariert der Besitzer dann durch und sagt: „Moment, *ich* gebe das Kommando", ist es an der Zeit, ihm mitzuteilen, dass er eigentlich der Dritte in der Reihe ist.

Ein weiteres Beispiel: Der Reitlehrer touchiert in der Piaffe und lobt – das Pferd bleibt sofort stehen, während der Reiter noch zwei Tritte vor sich hin piaffiert. Immer wieder höre ich dann vom Schüler: „Äh, eine Frage: Stört es euch beide, wenn ich in der Zwischenzeit einen Kaffee trinken gehe?" Pferde lehren uns ganz leicht Demut.

ENDNOTE 3: „FAHREN"

Fährt man zweispännig eine Wendung, beschreibt das „äußere Pferd" einen größeren Kreis als das innere. Um diesen Kreis aber auch gehen zu können, muss der Fahrer an der äußeren Leine „mit Verbindung nachgeben". Jeder Fahrer lernt das – erst am Fahrlehrgerät, dann am Gespann selbst. Vom Bock des Wagens aus ist dies deutlich zu sehen. Beim Reiten ist es genauso – die äußere Hälfte des Pferdes geht um die innere herum. Gibt der Reiter nicht „mit Verbindung" nach, erlaubt er dem Pferd keine Wendung – kippt das Pferd auf die innere Schulter (wie ein Radfahrer in der Kurve, der mit zu hohem Tempo fährt). Der Begriff „dranbleiben" führt dabei oft zu einem Missverständnis – die Verbindung behalten, dabei aber nach vorne nachgeben. Ist gar nicht so schwer, wenn man einmal gefühlt hat, wie man es machen muss.

ENDNOTE 4: „REITWEISEN"

Pferde sind *Pferde*, mit all ihren Bewegungsabläufen und Reflexen, egal, wie sie „gekleidet" sind: Englisch, Western, Isländisch, Dressur, Springen, Damensattel und so weiter.

ENDNOTE 5: „CAVEÇON"

Das Wort „Caveçon" bedeutet eigentlich „Kappzaum". Im heutigen Sprachgebrauch meint man damit meist den Kappzaum aus der Camargue.

ANHANG

ENDNOTE 6: „HERVORRAGENDE REITER"

Selbst in den berittenen Truppen hielt sich das Können beim „gemeinen Kavalleristen" in Grenzen. Die Offiziere, der kleinere Teil der Truppe, konnte zwar deutlich besser reiten, jedoch fand man auch hier nur relativ wenige wirklich „begnadete" Reiter. Offizier war ein Beruf, in den so mancher „hineingeboren" wurde, ob er wollte oder nicht. Durch die Entwicklung zum Breitensport wurden viele ehemalige Kavalleristen um Unterstützung gebeten, egal, wie hoch (oder weniger hoch) deren Ausbildungsstand war. Aus dieser Zeit stammen zum Beispiel auch die Begriffe „Vorderzwiesel" und „Hinterzwiesel", die zwar korrekterweise beim Bocksattel Verwendung finden, bei der Pritsche jedoch nicht korrekt sind. Dort nennt der Fachmann das Äquivalent „Kopf" und „Äfter".

ENDNOTE 7: „VERBREITUNG VON WISSEN"

Vor Einführung der Schulpflicht konnte nicht jeder Bürger lesen und daher auch nicht auf in Büchern festgehaltenes Wissen zurückgreifen. Das Herzogtum Pfalz-Zweibrücken führte 1592 als erstes Territorium der Welt die allgemeine Schulpflicht für Mädchen und Knaben ein, heute eine Selbstverständlichkeit. Wo viel Licht ist, ist aber auch viel Schatten: Es wird auch viel Halbwissen verbreitet, manchmal sogar Falsches steif und fest behauptet. So sind Foren im Internet zwar manchmal sehr lehrreich, manchmal aber auch ein Quell für Irrtümer.

ENDNOTE 8: „ZÜGELANZUG"

Eine „Parade" ist das Zusammenspiel zwischen Sitz, Bein und Hand. Die alleinige Einwirkung mit der Hand wird als „Zügelanzug" bezeichnet. Dieses Zusammenspiel sagt nichts über die Intensität der einzelnen Hilfen aus. Sobald eine gewünschte Reaktion vonseiten des Pferdes erfolgt, ist diese Einwirkung sofort einzustellen.

ENDNOTE 9: „FREIZEITREITER"

Auch ein „Turnierreiter" ist ein Freizeitreiter. Es gibt nur „Profis" und „Freizeitreiter". Verdient jemand seinen Unterhalt mit Pferden, nennt man ihn „Profi". Tut er das nicht, ist er „Freizeitreiter".

ENDNOTE 10: „ANLEHNUNG"

Ich empfehle den Vortrag „Reiterhand und Pferdemaul" von Dr. med.vet. Imke Querengässer! In rund zweieinhalb Stunden wird in Theorie und Praxis praktisch alles Wissenswerte vermittelt.

ENDNOTE 11: „SCHWERPUNKT"

Bei Messungen mit der elektronischen Satteldruckmessmatte messen die Sensoren nicht nur den Druck des Reitergewichts, es wird auch der Durchschnitt ermittelt und als Punkt dargestellt. Dieser Punkt liegt bei einem unabhängig sitzenden Reiter in der Sattelkammer, also zwischen den Sattelkissen. Bei Reitern jedoch, die sich immer wieder am Steigbügel abstützen, wird dieser Punkt nach außen verlagert – das sieht ziemlich seltsam aus ...

Klassische Arbeit
AM KAPPZAUM

ENDNOTE 12: „SCHLAUFZÜGEL"

Ein Schlaufzügel arbeitet nach dem Flaschenzugprinzip, es kommt das „Hebelgesetz" zur Anwendung. Durch die Umlenkrolle wird die Kraft vervielfacht! Jeder Mathematiker oder Physiker kann dieses Prinzip ganz genau erklären und anhand eines Beispiels die Kräfte, die dabei entstehen, verdeutlichen.

ENDNOTE 13: „SCHULTERHEREIN"

Sinnvoll: Das Pferd im Schulterherein den Zirkel vergrößern lassen, darauf achten, dass es die Biegung verbessert, dabei vorwärtsgeht, eventuell die Vorderbeine kreuzt. Auf keinen Fall die Hinterhand des Pferdes weichen lassen, das wäre Schenkelweichen und ist nicht gymnastizierend. Im Schulterherein tritt das Pferd, ausgehend von seiner Biegung, von innen nach außen. Die Vorderbeine kreuzen. Im Travers tritt es, ausgehend von seiner Biegung, von außen nach innen. Die Hinterbeine kreuzen.

ENDNOTE 14: „KONTERLEKTIONEN"

Konterlektionen können theoretisch nur auf gebogenen Linien geritten werden, denn auf einer geraden Linie wendet man nicht. Konterlektionen setzen einen höheren Versammlungsgrad voraus. Die *erste* versammelnde Lektion ist der „Kontergalopp". Obwohl die „Wendung um die Vorhand mit Konterstellung" noch keine höhere Versammlung aufweist, wird sie zu den Konterlektionen gezählt.

Merke!

Das Wesen der **Konterstellung** ist das Wenden entgegen der Seitenbiegung.

Linksgalopp auf der linken Hand an der langen Seite: **Handgalopp**

Rechtsgalopp auf der linken Hand an der langen Seite: **Außengalopp**

Rechtsgalopp auf der linken Hand in einer Ecke: **Kontergalopp**

Das gilt für **jede** gebogene Linie.

Unbeabsichtigter Rechtsgalopp auf der linken Hand: **Falscher Galopp**

Weitere Konterlektionen:

Schulterherein links auf dem Zirkel links: **Schulterherein**

Schulterherein links auf dem Zirkel rechts: **Konterschulterherein**

Travers links auf dem Zirkel links: **Travers**

Travers links auf dem Zirkel rechts: **Renvers**

Wendung um die Hinterhand nach links im Galopp links: **Pirouette**

Wendung um die Vorhand nach links im Galopp links: **Renverspirouette**

ENDNOTE 15: „REITLEHRE"

Liest man zum ersten Mal eine „Reitlehre", so liest man zwar das geschriebene Wort, allerdings kann man es noch keinem „Gefühl" zuordnen.

Erst, wenn man etwas Erfahrung gesammelt hat, kommt zu diesem Wort das passende Gefühl. Liest man dasselbe Buch zwei Jahre später noch einmal, so „fühlt" sich das beim Lesen ganz anders an. Nachdem man nun auch weiß, was der Autor gemeint hat, wird man in die Lage versetzt, „zwischen den Zeilen" zu lesen. Liest man zum Beispiel etwas über das „Schulterherein", so wird man fühlen, wie sich der Stuhl unter einem im „Schulterherein" bewegt. Beim wenig erfahrenen Reiter „bewegt" sich der Stuhl nicht …

Es ist interessant zu sehen, wenn zwei Reiter mit unterschiedlicher Erfahrung dasselbe Buch lesen. Der Fortgeschrittene interpretiert, kann sich vorstellen, weiß, was gemeint ist, profitiert – der Anfänger verzweifelt. Je öfter dieses Buch gelesen wird, desto mehr kann man „herauslesen". Haben Sie also Geduld mit sich und dem Autor. Sie macht sich bezahlt.

ENDNOTE 16: „GESTRECKTER SITZ"

Ein gestreckter Sitz ist gut, ein überstreckter aus verschiedenen Gründen nicht. „Gestreckt" heißt „entspannt". Ein „langes Bein" ist ein locker an das Pferd heranfallendes Bein.

Wird ein Bein durch Muskelanspannung gestreckt, wird die Bewegungsfähigkeit der Gelenke (Hüft-, Knie-, Sprunggelenke) eingeschränkt.

Ein Pferderumpf ist rund, ein menschlicher Oberschenkel ist gerade. Passen etwas Rundes und etwas Gerades passgenau zusammen? Natürlich nicht. Daher verwendet man Gelenke: Durch Hüft- und Kniegelenke ist es machbar, „das Bein an das Pferd" zu bringen.

Ein menschliches Becken ist relativ schmal – zumindest ist ein Pferderumpf bedeutend breiter. Streckt der Reiter seine Beine – die am oberen Ende am Becken fixiert sind –, dann sind sie am unteren Ende (an den Füßen) ziemlich weit voneinander entfernt. Wie kommt man nun ans Pferd? Richtig – indem man seine Gelenke winkelt! Es gibt eine muskuläre Verbindung zwischen dem Becken und dem Oberschenkel – die Hüftbeuger (eigentlich Hüftgelenksbeuger). Werden sie angespannt, verkürzen sie sich, das Hüftgelenk wird gebeugt. Praktisch, wenn man sich im Gehen fortbewegen will.

Das Hüftgelenk kann sich aber nur nach vorne oben beugen. Wird das Knie des Reiters in Richtung „Senkrechte" gebracht („Bein strecken" oder auch lange, gerade Kniepauschen), wird der Hüftbeuger aktiviert – nachdem das Knie nicht nach vorne kommen kann, wird der Knochen am anderen Ende des Muskels nach vorne gebracht: Das Becken kippt oben nach vorne – besser bekannt unter „Hohlkreuz". Damit wird die Rückenbewegung des Pferdes deutlich eingeschränkt, das Pferdebecken kann nicht abkippen, die Hinterhand „bleibt draußen".

ENDNOTE 17: „ENGLISCHER SATTEL"

Der englische Sattel wird als Pritsche bezeichnet und beschreibt den herkömmlichen Dressur-, Spring- und Vielseitigkeitssattel. Diese Sättel haben mit Wolle gefüllte Kissen.

Klassische Arbeit
AM KAPPZAUM

ANHANG

ENDNOTE 18: „IMPULSREITEREI"

Physikalische Impulse dauern nur Sekundenbruchteile. Die Einwirkung (Hilfe) soll ebenfalls von kurzer Dauer sein und im Gramm- und Millimeterbereich liegen. Als Reiter sollte es nicht nötig sein, zum Krafttraining gehen zu müssen, um Kraft und Kondition fürs Reiten zu bekommen.

Diese „Impulse" dürfen nur so lange dauern, wie ein Pferd benötigt, um ein Hinterbein vom Boden wegzuheben und den höchsten Punkt in diesem Bogen zu erreichen. Man nennt das „Abfußen". Die Bewegung vom höchsten Punkt dieses Bogens bis zum Aufsetzen des Hufs am Boden wird „Auffußen" genannt.

Bis zur Klasse M treibt und pariert man auf das abfußende Hinterbein (ausgenommen bei den Übergängen von oben nach unten: Galopp – Trab – Schritt – Halt: bei denen wird ebenfalls auf das auffußende Hinterbein pariert). Erst ab Klasse M kann das Pferd die Parade auf das auffußende Hinterbein umsetzen, indem es seine Hanken vermehrt beugt. Dadurch entsteht eine kadenziertere Bewegung (versammelter Trab, versammelter Galopp, Pirouette, Piaffe, Passage).

Der Begriff „Impulsreiterei" ist ein etablierter Begriff. Leider wird er manchmal falsch ausgelegt.

Ein „Impuls" dauert keine eineinhalb Stunden. Fassen Sie mal an einen Elektrozaun – so lang dauert ein Impuls …

ENDNOTE 19: „REITEN MIT GEBISS"

Viele Pferdebesitzer fühlen sich mit Gebiss sicherer. Das ist meist eine Kopfsache.

Will man später auf Stange reiten, ist es notwendig, das Pferd an das Gebiss zu gewöhnen. In unserem Kulturkreis wird das Pferd, nach dem Anlongieren auf Kappzaum, erst auf Trense geritten. Erst nach dem Erlernen des Fliegenden Galoppwechsels stellt man traditionsgemäß auf das kombinierte Gebiss (Unterlegtrense mit Nussknackereffekt und Stangengebiss mit Hebelwirkung) um. Das Endziel ist Reiten „einhändig auf blanker Stange". Dazwischen gibt es einige Kombinationsmöglichkeiten: geteilte Zügelführung 2 : 2, Führen nach Fillis; später 3 : 1 als Vorbereitung auf blank einhändig. Jede Zügelführung hat Vorteile, die, wenn es erforderlich ist, angewandt werden können. In anderen Kulturkreisen wird vom Kappzaum direkt auf Stange umgestellt (Spanien, Portugal, Südfrankreich, Südamerika …).

Ein gestreckter Sitz ist gut, solange die Beine des Reiters entspannt sind. (Foto: Neddens Tierfotografie)

Klassische Arbeit
AM KAPPZAUM

Stichwortregister

Abstreichen 107	Ganaschenriemen . . . . 32 ff., 65, 68, 106, 142
Alle Gänge und Touren 102, 115, 131	Gebissloser Zaum . . . . 18, 48 ff., 126 ff., 134
Anlehnung . . . . 78, 83, 90, 122 ff., 128, 151	Gelenk (am Kappzaum) . . . . 33, 44 ff.
Anreiten . . . . 72, 81, 100, 114, 126 ff.	Glücksrad (LG-Zaum) . . . . 49 ff.
Anpiaffieren . . . . 71, 106 ff., 118, 119	
Aufgeschweift 106	Hackamore . . . . 45, 47, 50 ff.
Ausbindezügel . . . . . 33, 53, 68, 69, 88, 89 ff., 94	Halbe Parade . . . . 124 ff.
	Halsring 50
Beizäumung 122	Haltungsfehler . . . . 121 ff.
Beschläge 138, 141	Hannoverscher Reithalfter . . . . 63 ff., 68
Blanke Kandare/Stange 49, 136	Hebelwirkung 37, 45, 49, 50, 130, 155
Bodenarbeit 73, 75, 96	Hilfszügel . . . . 33, 88 ff., 134, 136
Bombiert 20, 21, 141	HSH-Methode,
Bosal . . . . 18, 48, 49 ff., 134	HSH-Schulzaum . . . . 14, 29, 31, 50 ff.
Cavezon, Caveçon . . . . 22, 23 ff., 44 ff., 150	Innere Bilder . . . . 76 ff.
Damensattel . . . . 96 ff.	Jochbeinleiste . . . . 55 ff., 64, 65, 68
Doppellonge . . . . 73, 93, 97 ff., 100, 101	
Dreieckszügel . . . . 90 ff.	Kammdeckel 98, 101
Druckpunkte . . . . 49, 56 ff., 63, 64	Kappzaum der Spanischen Hofreitschule . . 38 ff.
	Kappzaum mit Dornen . . . . 25 ff., 37, 42, 134
Englischer Reithalfter . . . . 64 ff., 68	Klemmen (Oberschenkel) 83
	Knotenhalfter 49
Fahrradkette 37, 44	Konterstellung . . . . 103 ff., 152
Fingerbreit 35, 64, 65, 68	Körpersprache . . . . . 14, 19, 31, 73 ff., 78, 81, 83,
Führposition . . . . 77 ff.	86, 93, 94, 98, 109
Fußfolge 9, 24, 31, 83, 92, 124	Korrekturpferd . . . . 22, 92 ff.

ANHANG

Laden .... 23, 24, 55, 58 ff.
Langer Zügel .... 100 ff.
Langzügel 102
Longe im Trensenring .... 87 ff.
Longepferd 69, 93, 94

Maulspalte 68, 142

Naseneisen ..... 20, 22, 23, 33 ff., 37 ff., 38, 41, 42, 45, 47
Nasenseil 20
Nussknackereffekt 18, 155

Oberbaum 130

Parade 33, 45, 73, 77, 83, 86, 87, 92, 94, 103, 112, 124, 158
Polsterl .... 32 ff., 38, 39, 44, 141, 142

Reithalfter .... 24, 35, 57, 62 ff., 64, 65
Reflex .... 75, 124 ff., 150
Remontesitz 81, 82
Rohlederhalfter 18

Schlaufzügel 23, 25, 50, 53, 89, 90, 134, 152
Schulen über der Erde .... 112 ff.
Schulpferd .... 13, 19, 150 ff.
Schulsprünge 72, 130

Seguete 47
Selbsthaltung 88, 122
Serreta .... 20, 38, 41 ff.
Sidepull 50
Sitzlonge .... 69, 93 ff., 96
Spade Bit 49, 134
Spanische Hofreitschule 11, 13, 14, 15, 19, 23, 29, 31, 32, 76, 87, 91, 94, 102, 114, 115, 119, 131, 136
Stimmhilfen .... 76 ff., 78

Treiben ..... 24, 76, 88, 103, 112, 123 ff., 136

Übergänge .... 81, 90, 91 ff., 95, 155

Voltigieren .... 96 ff.

Wirbel .... 45, 76, 87 ff.

Zacken, gezacktes Naseneisen 20, 21, 38, 41, 42
Zuchtschau .... 78 ff.
Zügelanzug ...... 25, 33, 37, 45, 48, 49, 58, 68, 77, 78, 87, 103, 124, 126, 151 ff.
Zügelführung .... 94, 130 ff., 155

Literaturverzeichnis

Da viele meiner Bücher über keine ISBN-Nummer verfügen, bitte ich den Leser, sich in der Buchhandlung oder im Internet über die erhältlichen Bücher zu informieren. Einige der Bücher wurden mehrmals, manchmal von verschiedenen Verlagen, aufgelegt.

De la Baume Pluvinel, Antoine:
L´ INSTRUCTION DU ROY,
Olms Verlag, 2000.

De la Broué, Salomon:
LE CAVALERICE FRANÇOIS,
Erstauflage 1593.

De la Guérinière, François Robichon:
ÉCOLE DE CAVALERIE (BAROCKES REITEN),
Cadmos Verlag, 2000.

Cavendish, William (Herzog von Newcastle):
METHODE ET INVENTION NOUVELLE
DE DRESSER LES CHEVAUX,
Olms Verlag, 1973.

Forrer, Robert, Zschille, Richard:
DIE PFERDETRENSE,
Berlin: P. Bette, 1893.

Gelbhaar, Axel:
MITTELALTERLICHES UND FRÜHNEUZEITLICHES
REIT- UND FAHRZUBEHÖR,
Olms Verlag, 1997.

Griso, Federigo:
ORDINI DI CAVALCARE,
Erstauflage 1550.

Kapitzke, Gerhard:
ZÜGELFÜHRUNG MIT GEFÜHL,
BLV Verlagsgesellschaft mbH, 2001.

Koch, Ludwig:
DIE REITKUNST IM BILDE,
Olms Verlag, 1982.

Oliveria, Nuno:
KLASSISCHE GRUNDSÄTZE DER KUNST, PFERDE
AUSZUBILDEN,
Olms, Hildesheim 1997–2010, Band 1–6.

ANHANG

RICHTLINIEN FÜR REITEN UND FAHREN:
BAND 3,
FN-Verlag, 2013.

Seeger, Louis:
SYSTEM DER REITKUNST,
Olms Verlag, 1999.

von Sind, Freiherr J. B.:
VOLLSTÄNDIGER UNTERRICHT IN DEN
WISSENSCHAFTEN EINES STALLMEISTERS,
Verlag Gotha, 1770.

Stahlecker, Fritz:
DAS MOTIVIERTE DRESSURPFERD,
Kosmos Verlag, 1990.

DAS LONGIEREN MUSS NEU ÜBERDACHT WERDEN,
Bookazin „Feine Hilfen", Ausgabe 2,
Cadmos Verlag, 2013.

PFERDE – MEINE SCHÜLER, MEINE LEHRER
Kosmos Verlag, 2012.

Steinbrecht, Gustav:
GYMNASIUM DES PFERDES,
Cadmos Verlag, 2001.

François Robichon de la Guérinière
BAROCKES REITEN – ÜBER DIE AUSBILDUNG DES PFERDES

Die Lehren des klassischen Reitmeisters François Robichon de la Guérinière (1688-1751) sind aktuell wie nie zuvor. Die Barockpferderassen – Andalusier, Lipizzaner, Friesen, Knabstrupper und ihre Verwandten – erleben eine Renaissance und mit ihnen kommt das Interesse an der klassischen Reitkunst – oder andersherum. Guérinière lehnt Zwangsmittel ab. Er setzt bei der Schulung des Pferdes auf das Verständnis seiner körperlichen und psychologischen Gegebenheiten und befürwortet eine langsame und gründliche Ausbildung, die auf das Wesen jedes einzelnen Pferdes eingeht.

128 Seiten, durchgehend farbige Abbildungen; gebunden | ISBN 978-3-86127-424-7

Oliver Hilberger
GYMNASTIZIERENDE ARBEIT AN DER HAND
Schritt für Schritt zu Losgelassenheit und Selbstvertrauen

Für die Dressurausbildung des Pferdes ist die klassische Arbeit an der Hand ein sehr wertvolles, leider jedoch oft unterschätztes und deshalb viel zu selten angewandtes Mittel. Dieses Buch führt Schritt für Schritt in die Grundlagen und ersten Lektionen ein, die auch dazu dienen, die spätere Arbeit unter dem Sattel und die Schulung in schwierigeren Übungen deutlich leichter gestalten zu können.

160 Seiten
durchgehend farbige Abbildungen
broschiert
ISBN 978-3-86127-449-0

 auch als E-Book verfügbar.

Philippe Karl
HOHE SCHULE MIT DER DOPPELLONGE
Präsentiert von einem Reiter des Cadre Noir in Saumur

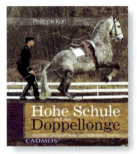

Seit Jahren ist Philippe Karls Klassiker „Hohe Schule mit der Doppellonge" das Buch schlechthin zum Thema Doppellongenarbeit. Der französische Reitmeister geht hier ausführlich auf alle Aspekte dieser vielseitigen Ausbildungsmethode ein und zeigt, wie sich Pferde effektiv gymnastizieren und bis zu den Lektionen der Hohen Schule fördern lassen – als ideale Ergänzung zur Ausbildung unter dem Sattel.

96 Seiten
durchgehend farbige Abbildungen
gebunden
ISBN 978-3-86127-472-8

Henry Laurioux
DIE SCHULEN DER REITKUNST
Wien – Saumur – Jerez – Lissabon

Die Spanische Hofreitschule in Wien, der Cadre Noir in Saumur, die Königlich-Andalusische Reitschule in Jerez und die Portugiesische Schule der Reitkunst in Lissabon: In einzigartigen Bildern zeigt dieses Buch die klassische Reitkunst in all ihrer Schönheit und Perfektion und bietet darüber hinaus ausführliche Information zu ihrer Geschichte und mehr als vierhundertjährigen Tradition, die an den vier berühmten Schulen bis zum heutigen Tag lebendig ist. Für alle Liebhaber der Klassischen Reitkunst ist dieses Buch unverzichtbar.

208 Seiten
durchgehend farbige Abbildungen
gebunden
ISBN 978-3-86127-465-0

Dr. Thomas Ritter
DIE ARBEIT AM LANGEN ZÜGEL
Vom Anfang bis zur Levade

Immer mehr Reiter begeistern sich für die traditionsreiche Arbeit am Langen Zügel, denn sie verhilft dem Pferd ohne Reitergewicht zu mehr Balance und Versammlungsbereitschaft und bietet sich zum schonenden Herantasten an anspruchsvolle Lektionen an. Praxisnah erklärt Thomas Ritter die richtige Hilfengebung von den Anfängen bis zur Hohen Schule und Korrekturmöglichkeiten, damit Fehler sich erst gar nicht manifestieren können.

176 Seiten
durchgehend farbige Abbildungen
gebunden
ISBN 978-3-8404-1051-2

 auch als E-Book verfügbar.

CADMOS www.cadmos.de

Cadmos Verlag GmbH | Möllner Straße 47 | D-21493 Schwarzenbek | Tel. +49 (0)4151/87907-0 | Fax +49 (0)4151/87907-12